あなたは正しい

自分を助け
大切な人の心を癒す
「共感」の力

飛鳥新社

日本語版序文

誰もが不安な時代に「本当の私」と出会う喜びを

二〇二〇年はじめ、未曾有の新型コロナウィルスが世界を席巻しました。今の私たちは地図を持たずにジャングルの奥地を彷徨っているようなものです。これまでの生き方や生活様式が通じない、不慣れな生活を強いられるようになりました。子どもたちは学校に行けず、多くの職場では在宅勤務が始まりました。私的な外出や会合も減らさざるを得なくなり、中には人生の門出を祝えない新婚夫婦や、逝く人に今生の別れを告げることさえ許されない人たちも大勢います。

コロナ禍は長期化し、私たちの社会を確実に蝕みつつあります。ワクチンが開発されたとはいえ、このウィルスは、死んでも完全に死なないゾンビのようなもの。私たちは先の見通せない社会状況の中で、恐れと不安、孤立を実感しているところです。たとえばこれが、未開の土地への探検なら、猛獣であれ底なし沼であれ、ある程度のリスクに備えることができます。しかし、現在は何を備えればよいのかわかりません。人は、わからないということに、最も恐怖と不安を覚えます。こうして私たちは委縮し、孤立していきました。

もちろん、多くの時間を孤独に過ごす人はコロナ禍の前からいました。たくさんの人と接しているにも関わらず、孤独を感じてしまう人々の心の声に耳を傾けていると、まるでご馳走を前に飢え死にしてしまうかのような、奇妙な光景を目にする思いです。『あなたは正しい』は、なぜそのような現象が起きているのか、人々の胸の内を注意深くのぞき見ながら考えるため、コロナ禍が起きる一年前に出版された本です。その間、本書の中で語られる人たちのエピソードに多くの読者から共感の声が寄せられましたが、コロナ禍をきっかけに、その数はますます多くなっています。それは、私たちがいっそう孤独や不安と向き合わざるを得なくなり、そういう状況に置かれた人にとって、本書が救命ボートや灯台のような役割を果たしているということなのでしょう。

孤立と寂しさは、いまやすっかり私たちの日常です。ある詩人の表現を借りていうなら、コロナ禍は私たちの生活を〝誰もが平等に不安で不幸〟なものへと変えてしまいました。人間は、誰かとつながっていると感じる、あるいは自分の苦痛を誰かがわかってくれているると感じることができなければ、まともに生きていることができず、時に自らの命を絶ちさえするのです。

このことと関係があるのか、韓国における本書の読まれ方には特徴的な点がありました。何度も読み返す人が多いうえに、読了後、自発的に読書会を開く人が大勢いらしたのだそうです。はじめのうちは参加者には女性が多かったのですが、そのうち夫婦で同じ本を読むようになり、やがて他の夫婦との読書会に発展するケースもありました。薬局で働くスタッフが終業後に読書会を開くという地方都市の話も聞きましたし、企業のＣＥＯたちがこの本を読んだあと、職場で読書会を企画したという話も耳にしました。

読書会は、単に本の内容についての討論や、自分の意見を語る場にとどまりませんでした。ひとりで読んでいた人がほかの読者と内容を共有したことで、それがいつの間にか自分の胸の奥底に秘めていた深い話へとつながり、今現在の悩みと向き合うきっかけになったということもあります。自身の心の内や感情に対して、どれほど語りたいものが多かったのか、どれほど無理をして抑え込んでいたものが多かったということに、明確に気づいたのでしょう。

本書を読んでいると、認めたくなかった〝昨日までの私〟と向き合ったり、考えもしなかった〝現在の私〟に気づかされたりします。その経験を読書会の仲間と分かち合い、だんだんと自分を立体的に理解していく過程は、参加者たちの声によれば無常の喜びだそうです。経験したことのある人ならおわかりいただけるでしょう。その姿がいかなるものであれ、ありのままの〝私〟と出会えると、人はこの上ない安心を覚えるものです。とはいえ、そのような境地に達するのは容易ではありません。本当の私を発見するには、自らの胸の内をさらけ出すことが必要ですが、どこからどこまでが私の胸の内なのかが本人にもよくわからない場合が多いからです。でも、本書を読めば、ゆっくりと、正確に「私」という存在の核心にたどり着くことができます。他人にも自分にも、忠助評判（忠告、助言、評価、判断）をせずにまっさらな共感的態度を取る方法を身につけることができれば、（多少大げさに申し上げますと）もう何も恐れることはありません。

本書は、筆者の長年にわたる臨床経験から導き出された法則と設計図に基づいて書かれました。それはまだ仮説の段階ですが、刊行から三年が経ち、その間、韓国の多くの読者がその仮説の正しさを証明してくださいました。鳥や風がそうであるように、人の心や感情もあらゆる境界の埒外にあるものと私は確信しています。本書の真心が、日本の読者のみなさんにも届くことを願ってやみません。

本書を通してつながれた、すべての友人が強く優しくなれますように。

二〇二一年春

海の向こうの温かい声に包まれながら。

チョン・ヘシン+イ・ミョンス

序　読者のみなさんへ——私の妻について

　私の妻の名は、チョン・ヘシンといいます。彼女と私は、一年のうちの三六三日（わざと二日を差し引いています）、二四時間を一緒に過ごします。彼女は、私の恋人であり、仕事仲間であり、切磋琢磨し合う関係であり、お互いの師であり、時には戦友でもあります。「心理的戦場」と私たちが呼ぶ現場で彼女は「心理療法家」として、私は「心理デザイナー*」として、同じ時間を過ごしてきました。心理的戦場は想像以上に過酷です。国家による暴力であれ、家庭問題であれ、不幸な事故であれ、被害者たちのトラウマ（心的外傷）は想像を絶する。集団的苦痛のように見えていることであっても、誰もが個別の苦痛として耐え忍ばなくてはならないのです。

　過去十数年間、チョン・ヘシンは、銃弾が雨あられのように降り注ぐ心理的戦場を匍匐前進する、最前線の「心理療法家（「治癒者」）」でした。彼女が携わったグループ療法

（おもに五〜六名、時には数十名の単位）の現場を、私は数百回にわたって参観しましたが、それだけでもあまりの苦痛に体が悲鳴をあげそうになりました。

私が驚いたのは、そのような治癒のプロセスを通じて、ある人は命拾いをし、ある人は体を十分に動かすことができるようになり、またある人はかすかに笑えるようになったこと。私たちと一緒にその現場を目撃したボランティアたちも、私によくこう尋ねました。

「いったい何が起こったんですか？　あの方の顔つきが変わりましたよ」

本当に顔つきが変わっていたのです。私にも経験がありますが、一晩中恐ろしい思いにふけったり、激しく喧嘩したりした翌朝など、鏡を見ると自分の顔が悪魔のように変わっていたという告白を耳にすることがあります。

これは、決して誇張ではありません。ある人は担架に載せられてぐったりとしながら相談室に入り、ある人は怒ったサイのように激しい様子で相談室に飛び込んできました。そして、そのような人が治療を終えると、「ビフォー・アフター」さながら、リハビリを終えた骨折患者のように元気よく歩き出したり、鹿のような優しい目つきに変わったりしていたのです。

人はこうした光景を目の当たりにして、「万能の神薬でも処方したのだろうか?」「宗教的な告白をしたことで、何かの秘蹟でも顕現したのだろうか」と首をひねるかもしれません。それは、ある意味では正しい。(それほどまでに彼女の心理療法は)一種の神薬のようであり、宗教に比するほどの力が作用していたからです。もちろん、決して副作用を起こさない〝薬〟であり、当然ですが、いかなる宗教活動とも無関係です。グループ療法の現場に直接参加した方も、顔色を見て治癒の成果を実感した人も、さらには一緒に仕事をしている私ですら、宗教的体験のようなその治癒の原理と脈絡を正確に理解することはできませんでした。彼女と苦しんでいる人々の間に、一体何が起きていたのでしょうか。

この本はそれを説明するために、心理療法家であるチョン・ヘシンの現場経験と経験知をまとめ上げた、優しくも専門的な本です。そしてとくに重要なのは、読む本ではなく、実践する本だということです。たとえば、心肺が停止するような緊急時に施される「心肺蘇生術(CPR)」は、内容を知ることよりも、その手法を正確に身につけることのほうが肝心です。使うことができて初めて、危急の状況に対処できるからです。本書は、いわばその心理版ともいうべき、「心理的ＣＰＲ」についての本なのです。行動指針書といってもいいでしょう。

その目的のためには、なによりも読者のみなさんに「共感」に関する新しい見方や捉え方を理解していただくことが大切です。ただの共感だけではありふれていてピンとこないでしょうから、共感に関するチョン・ヘシン固有の見方や捉え方という意味を込めて、私はこれを「チョン・ヘシンの共感」と呼びたいと思います（これがいかなるものなのかは、本文でじっくり確かめてください）。


共感に関する彼女の見方や捉え方を整理し検証するのには、三年ほどがかかりました。彼女は、精神科医という伝統的な枠組みから抜け出て久しいのですが、私は、医師の資格があるから「治癒者」なのではなく、資格の有無にかかわらず、人を生きさせる人こそが「治癒者」なのだと確信しています。こんなことをいえば、精神科医やそれと関連する資格を持つ専門家たちは不都合な思いをするかもしれません。たとえば、うつ病診断をめぐる彼女の問題提起などは、挑発的どころか戦闘的ですらあります。

当然のことながら私は、彼女の意見を支持します。仲間だからではありません。実際の現場で彼女の実力と態度に影響され、苦しんでいた人の顔つきが変わるのを数多く目の当たりにし、それと関連する論文を発表できるほど討論も行ってきたからです。この本は、「心理療法」を用いて自らを救い、人を助けることに高い関心を持っている人なら、一般人はもちろん専門家にとってもとても有益な本になるでしょう。

いっさいの誇張なく、この本はすべての心理療法の土台となる内容を含んでいると断言できます。もちろん、「チョン・ヘシンの共感」が心理療法のすべてとは言いませんが、少なくとも心理療法のベースキャンプになり得ると、私は信じています。この確信は、経験豊富な専門家たちを対象に検証を行った結果でもあります。

ですから、カウンセラー、牧師、教師、神父、職場のメンターなど、心理的に誰かを助けようとする方々に、ぜひ本書をお読みいただきたいと思います。そして、身近で傷ついた人に手を差し伸べたいという方や人間関係に疲れている人にも、ぜひ読んでほしい。この本は必要な時にページを開けば、いつでもあなたの助けになってくれるでしょう。私のような心理専門家であっても、その都度助けてもらっています。

読む時にアンダーラインを引く必要はありません。何回か読めば、その後はある問題に直面した時、どのページを開いても、現在の自分が置かれた状況に相応しい実際の処方がどこかに出てくるでしょう。ちょうど「格言書」のようなものです。

なお、これは私だけに宣言したことですが、実は彼女は七年前に絶筆しました。それなりに書いていた文章を、まったく書かなくなったのです。現場で苦しんでいる人々に生身でぶつかることのほうが、はるかに価値があり、効率的だと判断したからです。私は、彼女の決定を心から尊重しました。

心理療法の領域で、彼女は私の師匠です。そして彼女が言うには、文章書きの領域においては私が彼女の師匠とのこと。そんな彼女が七年ぶりに書いたのが本書です。その文章は、以前と比べてはるかに原始的でストレートでした。何かを伝えたい気持ちが以前よりも切実だな、という感じがしました。美しい文章を求めず、自分が伝えたいメッセージを意図的に繰り返しているようであり、何よりも誰かの肉声をありのまま伝えたがっている。

私たちは、お互いに相手の文章に対して赤ペンを入れる「先生」の立場にありましたが、今回私はその役割をごく控えめにして、最小限の意見を添えるにとどめました。本書を、文章のための文章ではなく、「チョン・ヘシンの共感」を伝えるための語録集のようなものと位置づけたからです。私自身、彼女から送られてくるメッセージに身を任せては戦慄し、時に胸が熱くなりました。初めに概念の説明だけを読むと、理解できないところがあるかもしれません。平易な言葉が使われているとはいえ、そこに書かれているのはどれも馴染みのない領域に属することばかりのはずですから。そういう時は、具体的な事例について書かれてある箇所を何度も読み直すといいでしょう。そうすれば、彼女のメッセージも自然と体に染み込んでくるはずです。

そして少なくとも、人から相談を受けた時に「忠助評判」（忠告・助言・評価・判断）をしなくなるだけでも、「チョン・ヘシンの共感」を半分は理解したことになります。そう聞くと、悩み相談に対し、「忠助評判」を抜きにして一体どんな話ができるのかと普通は思うでしょう。その疑問が解けるという意味で、この本は十分に読む価値があるのです。

私がこの本を読むたびに、胸が詰まるところはいつも同じでした。それは、あるお母さんが、「あなたがそれほど苦しんでいたのに、私は何も知らなかったのね」とハンマーで殴られたように目を覚まして子どもの長きにわたる苦しみを理解したくだりです（P195）。小学生の子どもが学校で起きた喧嘩のために先生から叱られ、家に帰ってその事情について語っていると、母親が「次からはそんなことをしてはダメよ」と忠告する場面。その時、子どもは泣きながらこう話します。

「お母さんは、そんなふうに言っちゃダメでしょ？　僕が、なぜそうしたのか気持ちを聞くべきじゃないの。先生もただ叱るだけで、本当に悔しかったのに。お母さんも、僕だけがまちがっているなんて言わないでよ。先に喧嘩をふっかけたのは僕じゃない。僕がどれほど我慢した末にその子を殴ったのか……。お母さんは、僕の味方じゃないの？」

ああ、子どもの「お母さんは、そんなふうに言っちゃダメでしょ？」「僕が、なぜそうしたのか気持ちを聞くべきじゃないの？」というその言葉。

あるいは、保育園でいじめを経験した五歳の子が、根気強い母親にきめ細かく、心強く支えてもらった後、爽やかな表情で話したという、次の言葉。

「お母さん、ありがとう。私は、もう自由だよ」（P361）

これらの言葉こそが、この本で伝えたいメッセージの核、「チョン・ヘシンの共感」そのものなのです。心理療法家チョン・ヘシンのあらゆる経験知と誠意がまとめ上げられた行動指針書としての本書は、個人的な物言いを許していただけるなら、私の妻チョン・ヘシンのすべてといっても過言ではありません。そのすべてが、傷ついた人たちの心を癒し、人間関係に安らぎをもたらすものと私は信じています。

二〇一八年秋の入り口

この本で誰かが救われるだろうとわくわくしながら。

イ・ミョンス

＊：心理治癒の経験と原理にもとづいて、人に心があるという点に新たな方法で注目した職業。イ・ミョンス氏が創案した唯一の職業。

あなたは正しい　目次

第6章 共感の実践——どうすれば大切な人を救うことができるのか

プロローグ　素朴な「おうちごはん」のような心理治癒、適正心理学

ある単語が心の奥まで深々と突き刺さったり、川の水のようにじわじわと流れ込んできたりすることがある。私にとっては「適正技術」という概念がそうだ。

アフリカのある村。飲み水が足りないので、子どもたちは朝早く水がめを担いで水を汲むために家を出る。何時間も歩き、水を汲み、水がめを担いで帰って来るころ、子どもたちのおぼつかない足取りとボロボロの水がめのせいで、水はこぼれて半分になっている。その気の毒な事情を知ったあるデザイナーが、人々と力を合わせて大きなドラム缶型の水がめを作った。

その後、子どもたちの生活は変わった。子どもたちは、水をいっぱい満たしたドラム缶型の水がめを遊ぶように転がして帰って来る。短い時間にもっと多くの水を運べるだ

けでなく、溜めることもできた。村人の生き方も変わった。子どもたちは水汲みのために行けなかった学校に通えるようになった。水がめを蓋ができるドラム缶型にする、たったこれだけのごく簡単な技術が、日常を大きく変えた奇跡である。これが「適正技術」のありふれた一事例だ。

適正技術は、現代のように（火星への移住を夢見るほど幻想的な）科学技術があふれる時代においても、ごく簡単な日常の技術が欠けているせいで人間らしい生活を営むことができない人たちがおり、その人たちの暮らしをどうにかしたいという憐憫《れんびん》の情と注目から生まれた概念だ。この概念は、地球上には食料があふれているのに、なぜ、いまだに飢え死にする人が大勢いるのだろうとその理由を問うことにも似た疑問から生まれる。

人間の豊かな暮らしが最終目標である科学万能主義の時代において、ゆとりのある幸せな人が一部だけに偏在しているのはおかしい。ある人はその理由として、最先端の科学技術ではなく、日常生活に必要な適正技術が不足していること、そしてそれを適正に配分することができていないためだと言う。素朴だが的を射た考察だ。

簡単な科学と平凡な技術がもたらす結果は、先の水がめの例でみたとおり、決して素朴ではない。私はこの適正技術という言葉とその応用事例に初めて接した時、興奮を覚えた。ポケットの中にあったシワくちゃの紙に手品師が息を吹きかけた瞬間、鳩に変わって空へ舞い上がる様子を見る思いだった。特別なことはひとつもないデザインや技術ひとつで、人々の日常を重苦しい灰色から美しい青色に変えることができるのだ。

ただそれには、「他人が困っていることに心を痛める、誰かの繊細で熱い眼差し」が必要だろう。それが、非現実を現実へと転換する奇跡の力、手品師が吹きかける息と同じ働きをする。適正技術という言葉が私の心に画仙紙の上の墨汁のごとく染み込んだのは、それまで私が抱いていた問題意識に通じるところがあったからだ。それは、涙を流す人々の心に耳を傾ける現場（おもにトラウマの現場）で起きた問題意識でもあるが、何よりも心の傷を治癒することと関連して前々から持っていた、専門家としての問題意識でもあった。私は思った。そうだ！　専門家たちのための心理学ではなく、苦しんでいる人のための心の適正技術、「適正心理学」が必要だと！

資格が何の役にも立たないトラウマの現場

ここ一五年間ほど私は、一九七〇年代〜八〇年代のカウンセリング受診者、自殺する人が後を絶たない解雇労働者、セウォル号惨事（＊二〇一四年四月一六日に韓国の大型旅客船

「セウォル（世越）号」が海上で転覆・沈没した事故。乗員・乗客の死者二九九人、行方不明者五人、捜索作業員の死者八人を出した大惨事となった）の遺族など、さまざまな国家暴力の被害者たちと一緒に過ごしてきた。現場で彼らの生々しい呻き声を聞き、回復不可能と思われていた彼らの心の傷、トラウマを目撃した。そこで私は、そうした人たちを治癒するのに専門家の資格などなんの役にも立たないということを、嫌というほど実感した。

人為的災害の現場には、心理治癒にかかわる専門家たちだけでなく、市民活動家、ボランティア活動家など多くの人々が集まる。しかし、最初の何か月かがすぎると、資格を持った専門家たちを現場で見つけるのは難しくなる。これは、長いあいだ、さまざまな現場で繰り返し見てきたことである。

資格を持った専門家たちが撤収するのは、現場の状況が整理されたり、被害者たちの状態が好転したりしたからではない。時間の経過とともに心の痛みがより顕著に表れたり、本格的な心理治療の段階に移るべき時だったりするのにもかかわらず、彼らの姿を見なくなるのである。

セウォル号惨事の時がまさにそうだった。最初は多くの心理療法家たちが現場に乗り込んだものの、すぐに去ってしまった。その代わり、「家で座ったままではいても立ってもいられなかったのでとりあえず駆けつけた」というボランティアの数が次第に増えていった。彼らは、「自分にできることは何にもない」と泣きながらも、何でも手伝った。彼らは、被害者たちのために料理を作り、食後の後片付けをし、掃除をした。限りなく無気力に感じられる自分自身の悲しさと憤り、無力感を訴えながらも、遺族たちの手をとり一緒に泣いた。

彼らのこのような心と態度は、被害者の実質的な助けとなる。このことは、現場で繰り返し起きたことである。彼らの行動とまなざしはトラウマを経験した後、世間と人間をまったく信頼できなくなった被害者たちをして、「私はひとりぼっちではない」という気持ちにさせた。それは確かに、被害者たちの慰めとなった。

なんの資格も持たないボランティアたちは、現場でそのように自分の役目を自ら見つけ役割を果たしていたのだ。セウォル号惨事の当時、政治権力は、傷ついた被害者たちを道端に放り出し、傷口に塩を塗った。それに対し、ボランティアたちの一途な活動と、彼らに共通の心情である「悲しさと無気力が生み出した巨大な連帯」は、被害者たちを救う命綱になっていた。

その太い命綱のいたるところに、心の傷を癒すもの凄いエネルギーがみなぎっていた。ボランティア活動家たちの何人かは、自分の経験にもとづいて、心の傷を治す原理を自分の言葉でさりげなく話す。しかしながら、自分の発している言葉や行動が心の治癒原理に最も近づいているものだということは、当の本人たちは全く気づかない。周りの人々が真心を込めて、いかに彼らが立派であるかを話してくれても、自分は心の病気を治す原理についてなにもわからない、それは褒めすぎだと謙遜する。しかし、彼らがボランティア活動の中で体得した心理治癒の原理とそれにもとづくさまざまな活動には、理論で武装した専門家たちの言葉とは全く質の異なる力と効力があった。

他の多くの過酷な現場でも似た状況が繰り返されていた。一般ボランティアたちは、初めは混沌の中で右往左往しながらも、やがては被害者たちの役に立つようになる。しかし、資格を持っている人々は、そうではなかった。最初こそ、専門分野の知識と経験にもとづいて何らかの心理治癒を試みるものの、まもなく存在感を失ってしまうケースが少なくなかった。本業が忙しくなって職場に戻ったというケースよりも、被害者たちが彼らの助けを求めなくなったり、中には被害者たちから拒否されて、現場から離れざるを得なくなったりするケースもあった。

なぜだろうか。なぜ、心の病気にかかわる専門家であればあるほど現場で失敗するのか。一刻を争う現場で役割を果たせない専門家資格に、一体何の意味があるのだろうか。

心理治癒に関連する資格を持っている私自身が、誤解を恐れずにその問題を掘り下げてみよう。精神医学は、神経症や精神疾患等の疾病を診断し治療するための臨床的、学問的枠組みの上に成り立つ、医学の一分野である。この枠組みは、是非もなく人間の苦痛と葛藤を疾病という観点からみるという伝統をもつ。そこで精神医学は、人間を「人」というより「患者」として認識する傾向がある。その認識は、医師たちにとっては実習医の時から身についている、ほぼ無意識のうちに行われるプロセスの結果だ。私を含めて精神科医たちにとってあまりにも自然なことなのである。人の心の利益のために貢献すべき精神医学や心理学が、学問本来の役割とちがい、人という存在自体から徐々に離れていって久しい。

私は、トラウマの現場において被害者が、専門家たちに「意味のある助けをください」と絶叫していたのを聞いたことがある。無意味な助けとは何なのか。医師の助けになぜ「意味のあるもの」と「無意味なもの」があるのだろうか。

精神科医たちは、トラウマの現場でも被害者たちの悲しみと苦痛を十分に聞き取る前に、薬物を処方する場合が多い。これは被害者の苦痛をおもに「症状」としてとらえているからであり、そのため症状は疾病の「根拠」になる。彼らは、うつ病の原因を生物学的原因で説明し、薬物で症状を緩和させることは医師だけができる重要な役割だと考える。

もちろん、そのような側面もある。不眠や不安などの症状がその人のストレスに対する心理的抵抗力を落とし、日常生活を困難にしているなら、薬物治療で症状を和らげることに一定の効果はある。しかし、心ない人たちからの容赦ない言葉で魂をズタズタにされた被害者たちが、自分を患者としてしか見ない医師から再度傷つけられる危険があることもまた、事実なのだ。

トラウマを受けた被害者たちは、自分を患者ではなく、苦痛を受けた「人」として見てほしいと望む。それは、決して特別なことではないだろう。専門家に対し、作業的に薬物を処方するのではなく、もっと「私」という存在に集中してほしい、一般の人々が耳を貸さない自分の惨《むご》たらしい苦痛をわかってほしい。それだけなのだ。

傷ついた人のこのような欲求は、トラウマの現場でのみ見られるものではない。日常生活で傷ついた時や、悔しさや寂しさ等を感じる時などに、私たちの誰しもが渇望する一次的な心理的欲求である。

今の私は、私をはじめとする専門家の、人間に対する認識の限界を痛感している。だが、ひと昔前まではそうではなかった。私自身も先ほど私が問題提起したように、まさにそのような空気の中で勉強し、修練を続ける人間だったからだ。私自身、そのような認識の限界から自由になるのが難しかった。だから、これから私が述べることは一種の懺悔だと思ってほしい。

私も例外ではない

家の中で家族の誰かが風邪の症状を訴えると、私は「たいしたことはないから、そのままもう少しがまんしていれば大丈夫」と言った。正しいアドバイスではあるものの、彼らは私の反応にとても寂しそうだった。当時、私はその気持ちがよく理解できなかった。彼らに風邪の知識が足りないからそうなのだとしか考えなかった。その程度の症状なら時間の問題だ、風邪をひいたら薬を飲むよりオレンジジュースなどでビタミンを十分に摂取し、ぐっすり休めば自然と治る。特別なことをしてやることも、そうする必要もない。医学的な知識に鑑みれば、これはまちがっていない。つれないことを言ったつもりもない。私はそう考えていた。

しかし、その言葉を聞く相手の立場はちがう。相手は、死ぬほど大きな病ではなかったとしても、自分のつらい状態に心から関心を示してくれることを望んでいる。特別な治療がいらない疾病であっても、日常的に注意すべきこと、対症療法のようなものをひとつかふたつくらい伝えていれば、相手は安心したはずである。

その根底には、何よりも自分の体のつらさを、たいしたことではないと軽く見ないでほしいと望む気持ちがある。自分の苦痛と真摯《しんし》に向き合ってもらいたいという心がある。

体が健康な時でも、自分のことをわかってほしいというのは、人間の基本的な欲求だ。体の調子が悪い時なら、なおさらだろう。

しかし、かつての私はその欲求に応えようとしなかった。苦痛を訴える相手の言葉を疾病中心でとらえた。医学的に疾病のカテゴリーに入らないすべての状態は正常であり、正常であれば医師である私がやるべきことは何もないと信じていた。その意味において私は、あくまでも冷徹な医療従事者であった。

医師は、このような先入観を持ちやすい。心の病気をおもに扱う精神科医の私ですら、そうなのだ。私は疾病中心の認識から脱皮できていなかった。しかし、精神科医に対する一般のイメージはちがう。人は、精神科医が人間の心に対する奥深い知識と経験で武装した者であることを望んでいる。それは、心理の専門家＋脳の専門家＋人文学者＋社会学者＋哲学者のようなイメージと思えばいいだろう。だが遺憾なことに、実際はそれとずいぶんかけ離れている。私も、長い間疾病中心の医療的人間観にとらわれていたことを告白せざるを得ない。

もっと恥ずかしい告白をしよう。疾病の枠組みで私が人を診ている間は、相談室で誰かと会うたび、迷路に迷い込んだ人のようにいつまでもさまよっていた。当時は、なぜ迷っていたのかさえわからない。いろんな学者たちの理論を手あたり次第調べたり、学会や各種のワークショップに参加したり、現場で経験を積めば打開できると考えたりしていた。先輩の医師に心理相談について個人指導を受けたこともあったが、やはり結果は芳しくなかった。私の心は依然として物足りなかった。進むべき道に迷い、たびたび絶望した。

このように苦しい時、不安を拭い、明るい気持ちになれる方法がなかったわけではない。私の前に座っている人をただ患者として認識するというのも、そのひとつの方法だった。

人を精神医学的な観点、疾病の観点から解釈するのは、たしかに簡単で楽である。なんでも生物学的な事柄で説明してしまえばいいし、その原因に合った薬を渡して済ませることができる。それで、私の中の葛藤からも免れることができた。専門家の医学的な説明に文句を言ってくる患者などいない。むしろ専門家らしく振る舞えば振る舞うほど、その意見を無条件に受け入れてくれる……。その時の「医師（あるいは専門家）」という感覚は、私の心に安らぎを与えてくれた。何人たりとも侵すことのできない資格の城塞に守られた私は、受診者に対して確固たる権限をもつ立場でいられたのである。私に診てもらいに来た人が私の診療室にいる限りにおいて、それは間ちがいのない事実であった。

資格は私に、人間への根本的な質問を問いかけることや、その答えを得るために葛藤する時間を省かせ、心のモヤモヤを和らげる働きをした。精神科医の資格証は「私が答えを持っている」という証のように感じさせてくれた。しかし、掃除のし残しを布団で覆って隠しているような時間の中で、人間に対する私の根本的な不安と混沌はますます大きくなっていった。

変化への重要なきっかけになったのは、診療室ではないところで、人々の本音を聞く仕事を始めたことである。私は、大手企業のＣＥＯと幹部たち、オーナー会長や政治家たち、法曹界の人々のように社会的成功を自他共に認める人々の本音を聞き、分かち合う仕事を一五年以上続けていた。

彼らとは、人生における葛藤、さまざまな欲求や心の傷、人間関係の悩みなどについてじっくりと話した。彼らは、私に診てもらいに来た「患者」ではなかった。当然私は彼らを患者と認識しておらず、彼らも自分の生活全般と自分自身について語っていた。そのうち、私は気づくようになった。彼らの中に、ひと昔前は私の診療室でいくらでも会ったかもしれない人たちが多くいたということを。以前私が診療室で会った人たちの中にもこの人たちと根本的に変わらない人が相当いたということを。

私が人と会って話をする場所（診療室であるかどうか）が、人に対する私の認識に影響を与える大きな要素だったのだ。診療室は、私の目の前にいるひとりの人間をまともな存在と認識するのを困難にさせた。私は、精神科医としてあれほど長いあいだ人に対して持っていた混乱した気持ちの正体がわかるようになった。

診療室に来る人たちは、耐え忍んだあげく、医者に頼らざるをえないという心境になって、初めて病院に来る場合がほとんどである。今の自分には誰かの助けが必要であり、患者扱いをされても構わないという心、白旗を掲げる心持ちで病院に来る。それをちがう観点からとらえ直すと、診療室における医師と患者の関係は、医師にとって圧倒的に有利な関係、医師中心の関係であることを意味する。

診療室ではなく日常空間で誰かと会った時、人間は自分の魅力を示し自尊心を守るために腐心する。そのような日常空間で自分の内心を打ち明けるためには、それだけで十分特別な理由がなければならない。

診療室ではなく現場で、「患者」ではなく「人」と出会う

診療室ではないところで人々の内心に触れて私は気づいた。ここでは、心理的な真剣勝負が必要なのだと。彼らは自分を患者と考えていない人々であり、私も当然彼らを患

者と考えなかった。

それまでは、診療室で会う人々を患者として規定し、医師という優位な立場を自覚せずにいたが、診療室の外で白いガウンという保護膜なしに彼らの内心を聞くことで、その事実を悟った。「患者」という枠組みでしか存在しない人なんて、世の中にひとりもいない。そのような考えは正しくなく、また現実に即してもいなかった。

人は何かしら心に傷を負っている。他の人より特別に敏感な所もある。それについては、人は誰でも例外ではない。いくら健康な人であっても二四時間元気に過ごすことができないように、ノイローゼの人だって二四時間ノイローゼ患者として暮らすわけでもない。

診療室ではない所で患者ではない人の内面と向き合ってからというもの、人に対して混乱した気持ちが、霧が晴れるように少しずつ落ち着いてきた。診療室の外で、すぐには患者と規定できない人々と胸の内を分かち合った時間が、私を変えたのだ。

今の私は、伝統的な意味での精神科医とはちがうかもしれない。私の観点や態度の多くが、同僚の精神科医たちとは大きくちがうだろうということである。私自身は、それを正しいともまちがっているとも思わない。ただ、ちがうと感じているだけだ。

ここ一五年間は、昼間は企業家や法曹界の人々、政治家たちの内面と向き合い、夜と週末にはトラウマの現場で被害者たちと一緒に過ごしていた。セウォル号の惨事以降は、トラウマを抱える被害者たちとともにすべての時間を過ごした。この時間を経て、私は人に対する感覚をようやく取り戻した。診療室で常に経験していた混乱から脱したのだ。現場は険しかったが、私の内面はひと昔前と比べものにならないほど静かで安定していた。

トラウマの現場は、開いたままの傷口が不衛生な環境にさらされた野戦場と同じだ。消毒のできる清潔な場所もなく手術室もない。傷口の上には土ぼこりが積もり、いつでも第二次、第三次のトラウマが押し寄せ悪化するリスクがある。そこでは、医師の権威を誇る白いガウンもなく、先端医療施設や装備に頼って権威を示すこともできない。砲弾が頭の上に雨あられと降る中、テントの中に電気を引き、明かりをつけて手術を行わなければならない臨時の野戦病院のようである。そこでは、適当に目を逸らしながら傷を診たり、専門用語の羅列で誤魔化し、やり過ごしたりすることなどできない。そんな甘い状況ではない。

トラウマに苦しむ被害者たちに、専門家のミスや不注意を見逃してやる余裕などさらさらない。彼らは、自分は患者ではなく被害者だ、と叫ぶ。世の中のいかなる患者よりも致命的な痛手を負っている人々が彼らである。彼らが自分の傷をありのまま見せてくれるまでの瞬間、瞬間が、真剣勝負である。そこでは、資格で心の傷を治療する者（「治癒者」）の存在意義を示すのは不可能だ。

資格を持っている者が治癒者なのではなく、人を生きさせる者こそが治癒者である。人の本質、傷口の本質を知り、対処できる者だけが治癒者となり得るところ、そこがトラウマの現場である。見た目の技術が美しい武術ではなく、威力が最優先である実践武術が必要な、殺伐とした戦場である。

社会的に最も高い地位にいる人々の傷口から、まったくの無防備な状況下でトラウマを抱える被害者たちの傷口までをつぶさに診てきた結果、私は悟った。人間の心には、いかなる外部的条件ともかかわりなく作動する、本質的な要素が存在するということを。

人の人生に最後まで影響を及ぼすのは、外部的環境や状況など、彼らの条件ではなく、その人の存在そのものである。莫大な富や名誉を手にした人であろうが、悲劇的なトラウマを受けた被害者であろうが、彼らの外的条件以前に、彼らがひとりの「個別的存在」であるという事実にありのままに集中すれば、いつの間にか彼らの内面から、自ずと生きる道が開かれるという事実を、私は石に刻むごとく悟った。このことは、前記のふたつの両極端のグループだけでなく、その間に属する一般人に対しても言うまでもなく真実である。その悟りは、私に大きな変化をもたらした。

今の私は、生活の中の苦しみを「疾病」と見なす医学的な観点はまちがっていると断言できる。苦しんでいる人々の内面を汲み取り、健康な心を取り戻す助けになれる人は、なにも精神科医にかぎらない。人を人として見ることこそが、真の専門家的な視線と態度である。そのような観点にもとづくことで初めて、すべての人が自らを助け、家族や隣人をも助けることのできる心理学というものが成立し得るのだと、私は信じている。

心理療法の原理と構造

フロイトが自らの患者たちを診ながら構築した精神分析学が世の中に登場して、一〇〇年が経った。その影響力の幅や大きさは説明するまでもなく、深くて広い。精神医学の専門医としての私の見解の軸のひとつも、そのような精神分析学に関する勉強や経験に、ある程度もとづいてはいる。その理論を基礎にして勉強し、長い間その磁場の中で精神科の専門医として活動してきたのだから当然だろう。

しかし私は、この本でフロイトやユング、アドラーなど、教科書に出てくる精神分析学者たちの理論や言葉を引用しなかった。その必要性をもはや感じていないからだ。

これまで私が会った人々を通じて経験した、私の考える心理療法の原理と構造を、私なりの視点で語りたい。息を吸って生活する、今ここで生活する私たちの生活それ自体にもとづいて「意味のある助け」を提供することができればと願っている。私の人生はもちろん、私の傍にいる人々の助けになり、時には自分でも気づかないうちに、私の隣人の助けにもなりうる実質的な心理的治療のヒントについて、これまでの私の経験を中心に語りたい。

水がめをドラム缶に変えた「適正技術」が人々の生活を変えたように、私は「適正心理学」も人々の人生を変えることになることを願う。「適正心理学」とは、理論ではなく、実生活で実質的な効果を発揮する実用的な心理学だと言い換えられる。私と私の身近な人の内面を理解し、手助けできる素朴な心理学を、私は「適正心理学」と呼んでいる。

もし、調理師資格を持っている人だけが料理することを許されるという法律があったら、私たちの日常生活はどうなるだろうか。飢えから免れるためには、調理師資格をもっている人の食堂の前で、毎日二度も三度も長い行列をつくることになるだろう。生活を営む上で最も基本的な欲求である食欲を、このようなかたちで解消しなければ生きていけないとしたら、ひとりの人間としての最低限の自尊心を維持するのは難しい。

実際には、私たちは日常生活の中で自ら家でごはんを作って食欲を解消する。食事を調理師にだけ依存しているわけではない。シェフが作ってくれた高級料理を食べなくても問題はないが、自宅での食事を長いあいだ摂らなければ、おなかを満たせないだけでなく、心理的にも不安定になるだろう。「おうちごはん」とはそういうものである。

「適正心理学」は、その意味での「おうちごはん」と同じだ。人間関係における葛藤とそれによる不便さを解決するために、毎度毎度、資格をもった精神科医や心理療法士を訪ねることは現実的ではない。そのような問題は、食事の前におなかが空いたと感じるのと同様、頻繁に起こる問題なので、そのたびに専門家を訪ねなければならないようでは日常生活を営めなくなってしまう。日々の暮らしにおいて空腹が解消できないと、いら立つことが多くなったり、暴力的になったり、無気力になったりするように、生活の基礎である人間関係の葛藤などが解決できずに蓄積すれば、心も不安定になり、生活も乱れる。そこで必要なのが〝おうちごはんのような心理学〟すなわち適正心理学なのだ。

適正心理学の核としての「共感」

精神疾患のみならず、憂うつ、不安、恥ずかしさといった私たちの日常生活における不便や困難の原因を生化学的な脳の問題へと追いやっていく近年の潮流には、度がすぎた感がある。このような偏った主張に私は同意しない。私と似かよった意見をもつ精神科医も少なからずいるが、現代精神医学が医学的、科学的領域を超えて広く産業界全体の問題になって久しいことを考えれば、このような考えが世の中に拡散するスピードは、いまだ亀の歩みのようだ。

産業の力が臨床に及ぼす影響は、想像を絶するほど大きい。不安や憂うつなどの問題が脳の病だという一般的な認識に対して有意義な突破口を開くためには、製薬会社という巨大資本と政府、言論の強固なつながりを超えた新しい力が必要なのが現実でもある。ほぼ全ての心理的困難さの原因を脳から探るこの時代において、私はドラム缶型の水がめのように素朴でかつ強い威力をもつ心理的な力について語ろうとしている。その作用はきわめて即時的だ。薬物治療よりももっと早く人の心を動かすとさえ言える。生活の苦痛に実質的に対処することができる実用的な力である。その力の中心に存在するものは何か。それが「共感」だ。

私の語る共感とは、立体的な共感、すなわち「境界」を認識する共感である。このことは本文で明らかにしていこう。

この「境界」を認識する共感が、おうちごはんのような心理療法、つまり適正心理学の核心である。現時点では、そう聞いても、「ええ〜、それで何ができるというの?」

と思われるかもしれないが、共感の力はいかなる力よりも大きい。
これは、お金持ちであろうが貧しかろうが、強者であろうが弱者であろうが、多く学んでいようがいまいが、老人であろうが、子どもであろうが、誰に対しても等しく適用できる力だ。共感のもつ意味を理解すれば、折り紙の鳥が鳩になって飛び立つ魔術を、現実のこととして受け止められるようになるだろう。

二〇一八年九月

第1章

なぜ、私たちはつらいのか

1　自己消滅のがけっぷちで

周りを見回すと、誰彼なしに苦しんでいる。心がつらい人たちばかりだ。最近、急速に拡散しつつある現象のひとつが、パニック障害、パニック発作である。いちいち統計を調べなくても、周辺にパニック発作を経験した人が急増していることを肌で感じる。

パニック発作は、予告もなしに心臓が止まるような感覚が、突然ハンマーで殴られたように襲って来る症状だ。その瞬間、当事者は死にそうなくらいの恐怖を感じる。そして、そのような現象が、何分間も続く。人間が経験できる極度の恐怖である。そのような経験を一、二回以上すれば、日常全体が恐怖に包まれる。いつどこでその凶暴な不安が自身を津波のように襲ってくるのか予測できないからだ。予測できないがゆえに備えることができず、備えられないので不安はさらに増幅するばかりである。

スターにパニック障害が多い理由

トップクラスの芸能人の中には、パニック障害を患う人が多い。みなさんには、理解し難いことかもしれない。ファンにとって彼らは、憧れの対象であり、夢を実現した人々である。アンチもいるが、それよりも圧倒的に多いファンたちの関心と愛情を集めているのだから、芸能人としては、最終目標を達成したも同然である。頂上に登り詰めた達成感は計り知れない。懐だって暖かい。

過剰な愛に困惑することはあるにせよ、欠乏とは縁がなさそうな人たちである。にもかかわらず、なぜ彼らはパニック障害の最前線にいるのだろうか。夢を叶えられない人の挫折ならまだしも、夢を叶えた人の挫折とは一体どういうことなのか。夢を叶えても、叶えなくても挫折を避けられないのなら、夢の実現の有無と挫折の間には何の関係もないことになってしまう。

トップスターたちが味わうパニック障害の根源を探ってみると、今ここで生活している私たちがなぜこれほど心苦しいのか、という問題を解く重要な手がかりが見つけられる。トップスターたちのパニック障害は、私たちの内面を推し量るリトマス紙ともいうべきものだ。人々の欲望が一点に集中した場所にいるのが、他ならぬトップスターたちだからである。

トップスターの生活の中には、私たちの内面の欲求と欲望がそのまま圧縮されている。傷んでいる臓器全体をいちいち確認しなくても、体の中に針を押し入れて臓器組織を少しだけ採って顕微鏡で見ると、その人が現在どのような病気にかかっているのか、病気はどれほど進行しているのか、病気の予後はどうなるのだろうかなどを正確に知ることができる。同様に、トップスターの生活の一部を取り出しサンプルとして観察してみると、その中から私たちの内面の実相が見えてくる。

大雑把に分類すると、スターには二種類ある。ひとつは、あらかじめ大衆が望むようにプロデュースされて世に出るタイプ。そしてもうひとつは、まったく自己流の表現で世に出て、結果的にスターとなるタイプだ。後者のタイプは、ただやりたいことをやっただけなのにもかかわらず、独特の個性を持っている人として大衆の注目を浴び、人気を誇るようになったケースである。「私」を表現することが、自分にとっては息を吸うことと同じように普通のことなのに、そうなってしまったというわけだ。

いずれのタイプにせよ、大衆がそれを特別なことと見なし、好きだということになれば、息を吸うことを一度も意識してこなかった人が突如自分の呼吸について気をつけるように、その瞬間から「私」は「私」を意識するようになる。しばらくそうして過ごしているうちに、それが本来の自分であったのか、自分が作り上げたひとつのイメージなのか自ら混乱に陥りさえする。あらかじめ大衆の欲求と好みに合わせて作られたスターはもちろん、出発点が異なっていた他のタイプのスターたちまでも、そのような意識から自由になれないのだ。私は、私を疑い追究する。私は、「本物の私」なのだろうかと。

スターとは、大衆の好みに私を完全に合わせた人だけが生き残る生態系の生存者だ。自分を大衆に合わせる感覚が高度に発達した人だけが到達できる境地なのである。言い換えれば、スターの座とは、優れた才能と感覚によって「自分」を消してしまう、その境地にたどり着いた人だけが受け取れる特別な報酬。それが、スターの本質である。一時的にそのような生活から外れることはできるが、ずっとというわけにはいかない。華やかであることを止めたら、スターはスターでなくなってしまうのだから。

スターが最高に輝く瞬間は、自分を大衆に完璧に合わせた時である。それは、私が完全に「大衆の欲望そのもの」である時、私が「私」を主張しない時、「私」が消え去った時である。「私」を主張することができる時もあるが、1万円以内で思う存分ショッピングに使ってもいいという好意のように、「みなさん（大衆）」が「自己主張する私」を素敵に見てくれる範囲においてだけである。「本当の私」になろうとしたら、スターの資格は没収される。スターとしての寿命は、それでおしまいなのだ。少なくともその地位から追放されるだろう。「大衆」の欲望に反するのだから。

そのような面において、スターの生き方は私たちの生活の完全な縮小版なのである。日常生活において誰かからの期待や欲求に合わせて絶えず私という存在を押し殺しているのは私たちも同様であり、自己消滅のがけっぷちに立たされてSOSを送る生活を送っているところも同じだ。

海外の有名ブランドの店で働くあるマネージャーは、出勤と同時に自らの名前を、本名ではなく英語名の「マイクール」と設定して日課を始める。業務の間、絶え間なく侮辱を浴びせられたり無視されたりするのは、本来の「私」ではなく、「マイクール」なのだ。こうして彼は、公と私を徹底して分けるプロ意識の高い人を自認してきた。だが、ある日の出勤時間途中に倒れ、胸を掴んだまま救急室へと運ばれたのである。

私の生活が「私」と遠くなればなるほど危険

「私」という存在が霞んでしまえば、人は必ず病気にかかる。心の領域ではそれが真実なのだ。パニック発作は、自己消滅のがけっぷちに追いやられた人があがきながら送るモールス信号である。「私が霞んでいます。もはや消えつつあります」という断末魔の苦痛である。生物学的要因を中心としてパニック発作の判断が下されれば、症状をなくすための薬物治療に重点を置くことになるのが普通だが、そうしているうちに、パニック発作の背景にある彼の心理状態は見過ごされがちになり、根本的な解決からは遠のいてしまう。

人は、ありのままの自分でいる人に惹かれる。人が最も魅力的な瞬間は、何の衒《てら》いもなく「本当の私」を表現する時である。すべての赤ん坊が美しいのもそのためである。

スターとしての成功も、私が魅力的であるから、私が独特のスタイルをありのまま表現するから実現できたかのように見えるかもしれないが、実はそうでない。それは、大衆（あなた）の欲望に完璧に合わせて動く私として生きていく時のみに実現可能なのである。スターは、やがて、自分が持っている莫大な資産が大衆に左右されているものなのだということを知るだろう。今は思う存分引き出せるものの、大衆から憎まれた瞬間から一銭も引き出せず、裸で冬の野原に放り出される身であることに気づく。

人気絶好調の芸能人も、決定的なミスや悪質なコメントひとつでこれまでのすべての歓声が砂のように指の間から落ちていく。一日に千通を超えて届いていたファンレターが嘘のように一通も来なくなるという衝撃的な経験をする。それはまるで引き潮のようだ。こうしてスターは、他人を信じてはならないということを嫌でも学ぶ。今どれだけ人気があっても飽き足らず、もっとお金を集め、もしもの時に備えようとする。

人間に対するスターたちの認識は、スターになる以前と大きく変わる。そして、それはいい方向にではない。スターたちにとって人（大衆）は恐怖すべき存在になり、その恐怖は内面化する。そして、その恐怖を克服するため、さらに「大衆」に忠実になろうとする。「大衆」が望んでいることへの忖度《そんたく》に集中し続けるしかないのだ。それが「私」の欲求であり、「私の人生」だと信じるしかない。

もし、そのように信じることができなければ、その生き方が維持できなくなるのだ。しかし、どんなに割り切っても、大衆への恐怖を乗り越えるのは難しい。まさに綱渡りのような生活だ。私と大衆がせめぎ合いを続け、やがて私は自らを擦り減らしていく。それが、精神の病へと続いていく自己消滅のプロセスだ。

スターではなくても、両親や配偶者の強い期待に応えること自体を自分の人生として受け入れて生活する人々、与えられた役割に貢献するのが自分の人生だと信じて疑わずに生きる人の人生は、スターたちが味わうパニック発作の原理と大変似ている。「自分という存在」が消し去られたまま、両親の期待や社会的役割、価値などに全面的に頼って生きてきた人は、絶対的な依存対象である両親や配偶者と別れたり、絶対的に私の役割だと信じて疑わなかった仕事がなくなったり、その価値が色褪せたりした時、パニック発作を経験することが、十分に予見される。

　パニック発作は、心臓が止まりそうだけど決して止まらず、死にそうな感じが生々しいが、実際には絶対死なない病気である。パニック発作自体で人は死なないが、自己消滅のがけっぷちで気力が尽きた人が自ら自分の人生を放棄する場合はある。心臓が弱くて死ぬのではなく、自分を押し殺して生きた人生の最後で、この上なく精根が尽きてしまい、やがては人生から手を引いてしまうようになるわけだ。誰でも私の人生が本当の私から遠くなれば、危険だ。

2　存在の個別性を無視する暴力的な視線

壮年期を超えてから、私は夫と一緒に車を運転して外出する時には、接触事故に格別に気を使うようになった。とくに恐れているのは、私たちよりも若い運転者と接触事故を起こした時のことだ。相手が有無を言わさず罵声を浴びせてきたら、どうすればよいだろうか。こちらからは罵声を浴び返すこともできず、じっと堪えるだけの状況など、考えただけで憂うつになるにちがいない。

こんなことを考え始めたのは、高齢者に対する若者たちの嫌悪に満ちた視線に接する機会が増えたからだ。最近の若者たちは、年をとった人への敵愾心《てきがいしん》や嫌悪感を以前より募らせているように見える。地下鉄で座席に座っている青年や若い女性に対し、立っていろと怒鳴りつける高齢者たちを眺める若者たちの目つきに、それがよく表れている。

釜山《プサン》に到着した「希望バス」（解雇労働者を応援するための支援者たちのバス）を強引に止めさせてバスに乗り込み、若い女性の長い髪をつかむなどの蛮行に及んだのは高齢者たちだった。セウォル号惨事の遺族たちが子どもを失いさまよっていた時、彼らの面前で暴言を吐く人々の多くも高齢者たちだった。右翼団体である「両親連合」や「太極旗集会」（右翼集団のデモ）と関わりのある高齢者たちは、若者にとって酷い存在としてすっかり定着している。

地下鉄の車中で国旗を手に持ち酒の臭いを漂わせながら、わあわあ大声で喚き立てる高齢者を見たことがある。その高齢者を嫌悪の眼差しで見ながら、さも「酒臭い、イヤな人」という感じで席を離れ、隣の車両へ移っていった若い男女の目つきを、私は忘れられない。夫は白髪が多く、私も白髪が増え始めたところなので、一緒に出かけた時など、彼らから私たちもあの高齢者と同じ種類の人間だと思われるのが、本当に怖いのだ。だから、運転にも細心の注意を払うようにしている。

「高齢者一般」として個性を無いものにする視線

韓国社会では、高齢者への態度が二極化している。ひとつは、批判的な態度である。

高齢者を、現実感覚を失った分別のない人として見るのだ。だから、無視したり、バカにしてからかったり、邪魔だと考えたりする。もうひとつは、ただ習慣として尊重するだけという態度である。高齢者を、人生の経験や知恵があるというイメージだけで捉えているのだ。どちらにせよ、高齢者を生々しい存在、個別的な存在として見ていないという点において、望ましくない態度である。

すべての子どもに個性があるように、すべての高齢者にも、当然個性はある。ところが、若者たちは、高齢者を高齢者という集団のアイデンティティとしてしか認めようとしない。そのような視線は、高齢者であれ、他の誰であれ、「個別的な存在」としての人に対する一種の暴力である。誰かと生き生きとした関係を結んでいる有機体ではなく、「高齢者一般」として眺める視線は、あまりにも礼を欠いた行為といわなければならない。その視線は高齢者一人ひとりが有する個別性を、すべて無いものにしているのである。

他の人々の羨ましがる職場に通う私の後輩は、会社を辞めたいが、両親が失望することを恐れて辞めることができず葛藤している。それに対し、私はこのように言った。

「あなたは両親を、あまりにも単純な存在として見すぎているのではないでしょうか」

「あなたの両親に対するイメージは、個別的なものではなく、ただの習慣に根差したものではないかしら」

何気なく言ったその言葉に、彼女はハタと気づき、程なくして退社を決意した。実際、彼女の両親は、彼女が心配するほどには衝撃を受けていなかった。いい職場を辞めたという理解しがたい行動を思い切ってとった娘を前に、彼女の両親は娘と初めて深い会話を交わす機会が持てた。彼女は余計な心配をしていたのだ。

「私がこのようにすれば両親は必ずこうするだろう」という考えは、そうかもしれないし、そうではないかもしれない。変わる状況と現実によって、両親も変わりうる能動的な存在である。すべての人間がそうであるように、両親も不変ではないのだ。

自分の存在に注目してもらってからが本当の人生

「セウォル号特別法」に署名を行う場所で、老人たちの一群が署名を妨害したり、遺族に罵声を浴びせたりするということがあった。その見苦しい騒動が終わった後、乱暴な行いをした老人たちのひとりと私は会話の機会を得た。ただし、その騒動について聞かずに「故郷はどこですか」と切り出した。すると彼は、ずっと前に亡くなった妻と過ごした時間について語り、自分を見向きもしない息子と嫁についての話をし始めたのである。壊れて路地に打ち捨てられた箪笥《たんす》のような彼の人生を聞いている間、私の目には涙が込み上げてくる時もあった。

そうやって話を聞いているうちに、その老人がふっとこんなことを口にした。

「あの母親たち（セウォル号惨事の遺族）に罵声を浴びせたのを、恥ずかしいとは思っているんだ」

それに対して私は、

「そんな気持ちでいたのですね。そうだったんですね」

とだけ答えた。謝ってもらいたくて始めた話ではなかった。にもかかわらず、その老人は反省の言葉を口にした。謝るという言葉を口にすることはしなかったが、彼の心に申し訳ない気持ちが少しずつ広がっていることは言葉の端々から感じ取ることができた。罵声を浴びせたという表面的な話だけでは、本当の気持ちを聞き出すことができなかったろう。その老人に自分の起こした騒動を省察させるためには、騒動以外の他の話が必要なのだ。ここでいう他の話とは、まさに「私」についての話、すなわち自分の存在についての話である。

自分の存在に注意を向けてもらえた人は、言いようのない安心感に包まれる。その安心感の中で初めて人は、合理的な思考ができるようになる。その老人が口にした反省の言葉も、自分の存在に注目してもらえたことで安心し、合理的に考えることができるようになった結果なのである。

保守系団体の集会に動員され、堂々と暴力を振るった高齢者たちに謝ってもらうためには、どれだけの時間を説得と討論に要するだろうか。そもそも説得するのが得策なのか。

どんなに体力のある人でも扱うのが大変なグランドピアノを、たったひとりで運ぶ引っ越し業者の話にこういうものがある。その人は、ピアノのあるポイントに集中して力を集めた時こそピアノが中心を失わず持ち上がることを体で覚えた。こうした能力は、長い経験を通してピアノの構造と中心を把握する方法を体得したことで可能になったにちがいない。

グランドピアノをひとりで持ち上げることよりも難しいのが、堅固な城塞のような、あるいは深い霧に包まれたような人の心を動かすことである。だが、人の心を動かす支点も、グランドピアノのように確かに存在する。それを知れば、人の心を動かすことができるのだ。その支点がまさに、個別的な存在としての「自分」、その人固有の「自分」である。

先ほどの老人を例にとろう。とある保守系団体が開催する講義に参加していた彼は、「我が国が現在このように豊かになったのは、すべて年寄りのおかげです。したがって高齢者こそが真の愛国者なのです。長い間ご苦労様でした」という話を聞いた瞬間、目に涙があふれたそうだ。その老人がとんでもない暴力を振るい始めたのも、自分の存在を理解してくれる人々、すなわち保守系団体の講師たちと出会ってからだったのだ。この時の彼は、長い間冷え切っていた室内に暖房が入ったように、心が温まる思いだったにちがいない。

興味深いことに、その老人が自らの暴力行為を悔いる気持ちになったのも、自分の存在に注目してくれて、自分の人生に耳を傾けてくれる人と出会ってからであった。変わりそうにない人までも例外なく変化させたその支点こそが、まさに「自分」である。人は、自分に共感してくれた人に必ず反応する。そもそも人とは、そのような存在なのだ。

高齢者だけではない。学校や両親から注目してもらえなかった青少年たち、いい大学に通うことができずろくな職場がないという理由できょうだいや仲間たちからちゃんと見てもらえなかった青年たちの人生も、個別的存在として認定され注目してもらっていなかったという点において、その老人の人生と質的にはちがわないのである。

道端でその老人と話をした後、私は一緒に活動する市民療法家たちとともに、高齢者たちを訪ね、彼らの「自分」に集中して話を聞くプログラムを始めた。高齢者たちの目に映る五〇代～六〇代の市民療法家たちの反応の一つひとつは、彼らにとって、うららかに晴れ渡った日、いっぱいに開け放した窓から射し込む日の光そのものであった。日差しが照らすところから生命が始まるように、高齢者たちの人生にも同様の転機が訪れたのである。このような雰囲気の中で話すのは初めてだと言いながら、まるで太陽みたいに朗らかに笑う高齢者たちの告白は、彼らの人生が私たちのそれと少しもちがわないものであることを示していた。

若かろうが、老けていようが、人はなぜこれほどつらいのか、今ならわかる気がする。自分の存在に注目してもらえて初めて、健康な日常が始まるのだ。高齢者も同じで、青年や子どもたちもそうなのだ。あなたもそうであり、私もそうなのだ。

3 「あなたは正しい」という認識が足りない時

停電や断水が続くと生活が困難になるが、もし、酸素が供給されなくなったら、生活どころか生命の維持すらできなくなる。酸素は、生命を維持する絶対要素だ。清浄な空気から肺に取り込まれた酸素は、血液中の赤血球によって体のすみずみまで届けられる。赤血球は、片時も休まず働く、真面目で頼もしい酸素配達員である。赤血球がちゃんと仕事をしてくれないと、たちどころに命が尽きてしまう。

ちょうどこれと同じように、心理的な生命を維持するのに、継続して供給してもらわなければならない酸素のようなものがある。それは、「あなたは正しい」という認識だ。この供給が途切れると、心理的な生命も徐々に潰えていく。

人は、正しい判断で行動する時もあれば、まちがった判断で行動する時もある。なのに、常に「正しい」などと言ってしまっていいものなのだろうか。そんな疑問を抱く人もいるだろう。私がここでいう「あなたは正しい」とは、現実における良し悪しではなく、より根源的な次元における命題だ。そのことをこれから、ある事例をもとに説明しよう。

両親と仲が悪い一七歳の少年Aがいた。彼は、家に帰りたくない日には、夜の街をうろつきながら、友だちに電話をかけた。その時、友人から返ってきたのは、こんな言葉だった。

「道端をうろついて同情を引こうとするな。とっとと家に帰れ、バカヤロウ」

この言葉を聞いた少年Aは、新鮮な空気を切実に望んでいたのに、まるで埃っぽい地下駐車場に閉じ込められたような気持ちになる。

こういう時、Aにとっての清浄な空気に当たるのは、「また家に帰れなかったの？何かあったんだね」という言葉だ。この言葉の裏にあるのは、「この時間帯に、きみが家の外をうろついているということは、きっとそれだけの理由があるはずだ」という理解であり、無条件の信頼と支持だ。そこで初めて、Aは絶対的な安心を得ることができる。私はまちがっていないと確信できてこそ、人は次にどこへ向かえばいいのかを考えることができる。自分に対して安心しているからこそ、次の行動についても合理的に考えることができるのだ。

あなたがそうする時には、間ちがいなくそうすべき理由があるにちがいないという言葉は、「あなたは常に正しい」という意味なのである。これが、人が心理的な生命を維持するのに必要な酸素なのだ。

誰にも情緒的な「自分の味方」が必要

突拍子もない行動を行っているのに「あなたは正しい」と支持すれば、相手が誤解するのではないか、傲慢になってしまい結局不幸なことが起こるのでないか、と危惧する気持ちはわかる。苦い薬のように、チクッとくる言葉がもっと必要ではないだろうか。それが、まともな人の考え方であるという人もいるだろう。だが、それはちがう。人を愚かで表面的な存在としか見ない、枠にはまった陳腐な考え方であると同時に、自分に対しても傲慢である。

人は、「相手の語る言葉の内容だけがメッセージのすべてだ」とは認識しない。瞬間的にその言葉が内包している前提や複雑なニュアンスを感じ取って、そこにどんな根源的メッセージが含まれているかを読み取る。たとえば、先ほどの少年Aの事例において、友人がAに「あなたは正しい」と言ってあげれば、彼は家の外を徘徊する自分をちゃんとしていると信じるのではなく、情けない私をありのまま受け止めてくれる人の存在を通じて安心することになるのだ。酸素が希薄な瞬間にたっぷりと高濃縮の酸素を吸い込むのである。人は機械的な存在ではない。思っているよりも遥かに立体的で情緒的な存在である。大人もそうであり、子どももそうだ。

最も切迫していて手に負えない瞬間、人に必要なことは「あなたがそうであるなら、それには何か理由があるのだろう」「あなたは正しい」という自分の存在自体に対する受容なのだ。「あなたは正しい」という前提のない客観的なアドバイスや助けは、酸素を吸えていない人に料理を提供することと同じで、無意味な行為なのである。それは、「あの人は、今私に酸素が必要だということを知らない人なのだ」ということを証明しているにすぎない。息が切れ、酸素呼吸器が必要な人に味つけチキンを注文してあげても、それはありがたいことでもなく、助けにもならない。

少年Aだって、考えているだろう。「こんな寒い日に、なぜ俺は道端なんかうろうろしているのか」と。

家から飛び出した時には、それなりの明白な理由があったにちがいないが、今は自分を責めているかもしれない。「あなたは正しい」という他者からの承認が必要なのは、自分で自分の全面的な味方となるのが難しいからである。

「俺は、いつもいつも、なぜこうしているんだろう」。大概の人には、この種の自己分裂的な思考が身についている。「そんなことは考えたことがない」という人でさえ、実際にはそうなのだ。ぜひとも知っていただきたいのは、人間とは、本来そのような存在なのだということだ。私たちの日常を支えているのは、外部から供給される最低限の酸素なのである。

少年Aが友だちに電話をかけたのは、助言を得たかったからではなく、気持ちのうえで自分の味方を必要としていたからである。

「そんな親なら、お前が家に帰りたくなくなるのも当然だよ」。こんな言葉を聞くことができれば、少年Aはその夜の怒りと悔しさからすぐに抜け出すことができただろう。「徘徊するには、それなりの理由があったんだろう」という言葉は、少年Aを、「自分がおかしいのではなかったんだ」「自分はまちがっていないんだな」「自分が非常識だから、こうしているのではないんだ」と安堵させ、その次の歩みをどうすればいいのか、たやすく決定させるだろう。そうすれば、十中八九、彼は家に帰るにちがいない。

少年Aが夜の街を徘徊したいのは、寒空の下、冷えた体を温めるためではない。夜の街をうろつく行動自体が目的ではないので、複雑な心が整理された瞬間に解消されるはずだ。徘徊そのものは、混乱した心が生み出した副産物にすぎないからである。「こんな時間に哀れっぽく振る舞って同情を引こうとするな」などといった冷ややかな反応は、朝露に濡れる葉を掴んで激しく揺さぶるような行為である。そんなことをしなくても、陽が昇れば朝露は、自ずと消えていくのだから。

「あなたは正しい」と話すのが先

日常の中で、死にたいとか、誰かを殺したいとかいった話をする人に出会うことはあるだろう。そのような場合にも、「あなたは正しい」と言うべきだろうか。答えはもちろんイエスである。そうできるし、そうすべきだ。「殺したい、死にたい」という極限の状態も、日差しの下では、朝露のようなものだ。痕跡もなく消える。私自身が、そうした話を実際に聞く現場で数え切れないほど経験している。人の怒りや悔しさ、苦しみの感情を取るに足りないと思っているのではない。ゆっくりと正しく日差しを照りつけてあげれば、ほとんどの場合、そうした感情は消えていく。「家出する」「仕事を辞める」「死ぬ」「殺す」といった言葉に対し、「そんなことをしちゃ駄目だ」という類いの言葉は、切迫した人が本当に伝えたいことを正しく聞き取れていない人の反応にすぎないのである。

私は、そのような時にはいつも「そうか、全てやめたいと思うほど疲れているんだね、すべてを燃やし尽くしたいほどに憤っているんだ、そうしたいと思ってもしかたがない何かがあったようだね」と、全力で答える。その次に、「そんな心の状態にしたのは、具体的にはどういうもの?」と尋ねる。これには、その人が誰であろうが、どのような状況の訴えかけであろうが、例外はない。

人は、そう簡単に家出をしないし、無性に死にたくなったりもしない。ましてやいたずらに人を殺したいという心理状態になど、陥らないはずである。そのような話を持ち出した時には、そう思ってはいけない理由を、自ら一〇〇個以上探してからである可能性がある。そこで私は、いつもとりあえず、その心を認める。そのような心理状態になった時には、それなりの理由があるだろう、だからあなたの心は正しいにちがいないと。他の言葉は、すべてその後に語られるべきものだ。それこそが正しい順序であり、人の心に対する礼儀でもある。

「あなたは正しい」という承認をもらえれば、「家出する」「死にたい」「殺したい」などの言葉は、朝露のように跡形もなくなる。「あなたは正しい」という言葉を迷いなく発することができるようになれば、朝露に濡れた葉を揺さぶるような虚しいことに、これ以上時間を費やす必要もなくなるだろう。

「あなたは正しい」

全力で発したこの短い言葉ほど、誰かを強力に変化させる言葉は他にない。

4　慢性的に「私」の飢饉に苦しめられる人々

ある日、SNSを通して知ったオフ会に出席した知人が不満を述べていた。集まりに来ていた人たちがそれぞれ自分に注目してもらおうと躍起になるあまり、戦闘的な会話ばかりでちっとも面白くなかったそうである。ひな壇芸人が発言の機会をつかもうと熾烈な神経戦を繰り広げるバラエティ番組の話ではない。「私を押し出す」ことに余念のない人々は、私たちの日常においても少なからずいる。

ボールを奪われないように華やかなドリブルを駆使するバスケットボール選手とそのボールを奪おうとする相手選手の組み合わせのように、人々は機会さえあれば、相手を自分の話に引き込もうとする。同窓会のようにフラットな関係においてさえ、そうなのだ。帰り道で「私ひとりが喋りすぎたのかな」という後悔が押し寄せたりもするが、いざその瞬間になると、コントロールがきかなくなる。

礼儀を重んずる余裕などない。過度に自己を押し出すのは、日頃、ひとりの人間として、最低限の関心と注目すら払われないまま過ごしてきた人に多い現象である。「私」という存在を襲う慢性的な心の渇きが、そのおもな原因であろう。

生活の音が聞こえてこないお金持ちの町・江南区のワンルーム・ヴィラ

もうずいぶん前から、「孤独死は老人特有の問題」という定説は覆されている。若年層の孤独死が新しい社会問題として浮上してきたためだ。孤独死とは、誰にも世話してもらえなかった状態で死亡し、それから相当の期間放置された人の死のことだが、この傾向に、若い人たちが拍車をかけている。かつて青年孤独死の一番多かった地域（ソウル市基準）といえば、公務員受験のために若者が大勢詰めかけた「冠岳区《クァナク》」であるが、今なら「江南区《カンナム》」だ。お金を稼ぐために集まってきた青年たちが、悲劇の主人公である。その多くが、ワンルーム・ヴィラ（低層マンション）で生活している。

若者の孤独死を取材するため、江南区を歩き回った記者によれば、ワンルーム・ヴィラが密集するそこには間ちがいなく人がいるはずなのに、往来に人影は見えず、生活する音も聞こえてこなかったという。江北区《カンブク》の、青年たちが集まって生活する所では、夜になると、酒を飲みながら騒ぐ音でちょっとした問題がたくさん発生するが、江南区のワンルーム・ヴィラは驚くほど静かだ。その記者によれば、江南区で生活するある青年は、「ここでは人に迷惑をかけることへの強迫観念がひどく、物音には極度に気をつけるようになる」と、小さい声で語ったという。

私は、その話を聞いた時、田舎から上京してお金持ちの家の玄関脇の部屋で寝起きし、家政婦として暮らした四〇〜五〇年前の少女たちを思い浮かべた。昼間は健康を害するほど働き詰めで、夜になると、玄関脇の部屋の中で息を殺して存在しないかのように過ごしていた幼い少女たち。自分の存在を消して生活しなければならなかった一昔前の貧しい家の娘たちの姿が、二一世紀の江南地区で生活する若者たちと重なって見えたのである。

江南地区のお金持ちの家で働き、夜になれば、ワンルームという小さい部屋でじっと影のように生活しなければならない青年たちの姿は、想像するだけで胸が痛くなる。自分の存在を迷惑と認識する若者たち。死んだようになって生活する若者たち。

以前、江南駅の出口からあふれ出てくる人たちの表情が一様に怒っているように見えて驚いたことがある。その中のひとりである若いOLは、会社で笑うと軽く見られ、仕事ができないと思われてしまうから笑わないのだと言う。笑うのは、家で、ひとりで芸能番組を見る時くらいだそうだ。

彼らは、個人メディアやSNSを通じて自由な意見や振る舞いを堂々と発信する同世代を、あたかもダイエットしながら食べ歩き番組を視聴する人のように眺めては、代替的な満足を得ている。一方で、「あんなに自由な人生を送っている同世代がいるのに、自分はそれとは程遠い」と考え、いっそう萎縮してしまうこともある。

いずれにせよ、大きな声を出せば迷惑がかからないか、笑えば実力のない人に見られないかと戦々恐々とする生活の中で、自分の心情を吐露することはできないだろう。喜怒哀楽の感情を去勢した人が、豊かで快適な生活を送ることなどできるだろうか。絶対に無理だ。

感情、喜怒哀楽がブロックされた生活の果て

人間が真っ当な生活を送るうえで、必ず備えるべき要素が感情である。感情は、いわば存在の〝核〟だ。個人の価値観や性質、趣味なども重要な要素にちがいないが、それらは単に存在の周辺を取り巻く付随的なものにすぎない。核は、あくまで感情なのだ。私の価値観や信念、見解は、私の両親の価値観や本で読んだ信念、私の師匠の見解にす

ぎないかもしれない。しかし、私の喜怒哀楽、すなわち感情は、どこまでいっても私のものだ。感情を取り除いてしまったら、もはや私は存在しない。

感情を抑制し、透明人間のような扱いをされ、存在のかぎりなく希薄となった人生の先に待っているのは、どんな結末だろう。思うにそれは、音のしない銃に撃たれた人が、静かに崩れ落ちる状況と似ているのではないだろうか。若者の孤独死は、その典型なのだ。

人は、その存在を消されそうになると、極度の暴力性を示す。酸素が徐々に薄くなる所に入れられ、息が切れかかっている人は、ほんの少し窓が開いただけでも絶叫し、なりふり構わずそこへ突進して行くにちがいない。存在を消されかけた人が見せる暴力性は、これと同じだ。息も絶え絶えに、絶叫するだろう。「私はここにいる！　一度でいいから、私という存在に気づいて！」と。

私は誰かと会うたびに、「最近、心の調子はどうですか？」と問いかけることにしている。誰かと一対一で話をしている時だけでなく、多くの人と同時に顔を会わせた場所でも、会話が盛り上がらなかった時などにも、隙あらば同じことをする。この質問を投げかけると、思わぬ反応が返ってくることがある。質問の前後で話の質が全くちがったりもする。一見何の変哲もない言葉のようだが、それは、存在自体について目を向けるように仕向ける重要な問いである。

心理的にがけっぷちにいる人でも、周りからはなかなかその兆候が見えにくい。それでいて、そういう人の数は少なくないから、「最近、心の調子はどうですか」という、たったそれだけの質問が、予想外の「心理的心肺蘇生法（ＣＰＲ）」につながるケースも多いのだ。簡単な心肺蘇生法の講習を受けた小学生が、街で突然倒れた成人の命を救うというのは、実際にあった話だ。心理的ＣＰＲでも、同じことが起こり得るだろう。だからあらゆる人が、心理的ＣＰＲを学ぶべきである。そうすれば、次はあなたが、誰かを生き返らせる番になるかもしれない。

「自分は、いつもいつも、なぜこうしているのだろう」

大概の人々は、この種の自己分裂的な思考を習慣化させている。

「そんなことは考えたことがない」と思っている人ですら実際はそうなのだ。

＊

最も切迫した精神状態で自分でも手に負えない瞬間、人に必要なことは
「あなたがそうであるなら、それには何か理由があるのだろう」
「あなたは正しい」
など、自分の存在を受容してくれる言葉である。
そうした言葉をともなわない
客観的なアドバイスや助けは、
呼吸すらままならない人に
料理を提供するのにも等しい無意味な行為である。

第2章

心を蘇らせる心理的CPR（心肺蘇生術）

――今、私たちにとって切実なもの

1　人をないもの扱いする社会の風潮

同居する男に殺害された二〇代の女性が、地方のとある住宅地の花壇に捨てられ、しばらくしてから発見された。家族との交流はなく、通っていた工場では三日間出勤しなければ自動で解雇となる内部規約により解雇処理が済んだあとだった。死体となって捨てられてからの数日間、彼女を気に留める者は誰もいなかったのだ。

幼いころは、学校を一日欠席するだけでも先生から連絡があるのが私たちの日常だったのに、今では同僚が会社に来なくても一切連絡が届くことはなく、そのまま社員名簿から抹消されてしまう時代だ。会社にも言い分はあるだろうが、だからといってひとりの人間が会社から忘れ去られ、そのまま機械的に消滅するシステムがいいとは思えない。かつては愛し合っていた男に殺されたその若い女性は、社会からも存在しないものとして扱われたのである。

韓国では、まるで人を幽霊か影のように扱うことが、社会のシステムとして定着してしまった。初めは弱者と貧者だけが、このように非情なシステムの犠牲者だと考えられていたが、今はちがう。「個別的な存在」としての人間に注意を払わない空気が、「目には見えないほこり」のように韓国社会全体を静かに覆っている。ほこりが漂う空間には際限がないので、どこかに境界線を引こうとしても、無駄である。誰に対しても危険が及ぶ可能性があるということだ。今やどんなに裕福な者であれ権力をもつ者であれ、何層にも取り巻く見えないほこりから逃れることはできない。

「そのままの私」を無視されたことによる心理的な欠乏

外見、権力、財力、才能、学歴などは、その人の表面的な要素にすぎない。あふれる関心と注目を一身に集める人も、突き詰めれば表面的なものに対する注目や賛辞にすぎない場合が多く、かならずしも個別的な存在である「そのままの私」に関心が払われているわけではない。私の勤め先や職業、学位が「そのままの私」ではないように、私のお金、権力、外見、才能も当然「そのものの私」ではない。

どんなに才能や富に恵まれていても、「そのままの私」を見てもらえなければ、深刻な飢餓感に苛《さいな》まれる。むしろ、表面的に持っているものの多い人のほうが、自分の不安や恐れとのギャップの大きさから、かえってより大きな心理的飢餓に襲われることになるだろう。

周りの人たちに強い影響力を持ち、有り余るほどの財産を所有している。電話一本で、いつでも駆けつけてくれる知人が大勢いて、どんな人の集まりでも輪の中心にいる。言葉ひとつ行動ひとつにも人々の関心が集中する。それにもかかわらず、寂しいと感じてしまう。また、それを誰にもわかってはもらえず、ますます寂しさが募る。

以上のような人物像から、政治家をイメージする人はいるかもしれない。成功した起業家、資産家、芸能人を思い浮かべることもあるだろう。どれも正しい。そのような人は、どこにだっている。すべてを持っているように見える人でも、普通の庶民と同じような不安や寂しさを抱えているものだ。なかなか理解してもらえないが、お金持ちであろうと貧乏であろうと、人の心は公平だ。いつもひもじくて、すぐに元気をなくす。

私は、すべてを持っている人々と会うたびに、彼らがいつもこのように思っていることに気づかされる。

「私の周りに集まってくる人たちは私のお金だけを見ているのだ」

「私がお金を使わなければ、人は私の思い通りに動いてはくれないだろう」

「私に影響力があるから近づいてくるのであって、私がこのポジションを離れたら、誰も私の言葉に耳を傾けないだろう」
「私の持っている力が目当てで支えようとしてくれているだけだ。信じてはいけない」
彼らは、このような考えを、まるで宗教か何かのように固く信じて疑わない。

自分の力で出世し、数千億ウォンの売り上げを誇る企業を起こしたAがいる。彼は、創業から今まで一日に三時間以上寝たことがないという。貧しい商人の出である彼は、父親の不誠実な商売を見て、幼心に「あのような商売方法ではいけない」と考えるようになった。母親と長男の自分が父親の尻拭いで苦労させられたことを思うと、今でも怒りが込み上げてくるほどだ。

父親のようにはならないという決意で頑張り、実家の商店より数万倍も規模の大きい会社を運営しているのだから、体がつらいのは当然であった。親戚や古くからの友人たちが彼と会えば、「素晴らしい」「昔から君は何かがちがっていた」と尊敬と賞賛の入り混じった声をあげる。そうして、今の自分がどれほど大変な状況にあるのかを訴える。自分の就職をお願いしたり、彼の会社と好条件で取引したいとほのめかしたりする。

周囲の人たちとそんなやり取りをしていたのと同じころ、彼は、幼児期に実家で同居していた五歳上の叔母にあたる人と、親戚の七旬《しちじゅん》の祝宴（七〇歳のお祝い）で久しぶりに再会した。叔母は、彼と会うやいなや涙をぼろぼろこぼしながら、昔あれほど苦労しながら生活していたのに、今また大きな会社を運営するためにどれほど苦労していなければならないのか、と同情の言葉を口にした。あのころのあなたは、今と同じように賢かったが、いつも胃がよくなかったのを思い出す。私はこれまで生活が大変だったので、あなたを気遣う余裕がなかったけれど、これからは、あなたが子どものころによく食べていたおかずを作ってあげたい。叔母はそんなふうに言って、彼の手を握りながら、つくづく気の毒そうにするのだった。

ようするに、彼女は、甥っ子を功成り名を遂げた人物としてではなく、周りから利用されやすい哀れな存在として気遣ってくれる唯一の人だったのだ。

彼女と再会し、そんな話を聞かされた彼は、感激で胸がいっぱいになった。もう一度叔母と会い、ふたりきりで食事をしながらゆっくり昔話の花を咲かせたかったし、今の自分がどれほど疲弊し、寂しい思いをしているか、もっと深く理解し慰めてもらいたいという気持ちになった。

Aのように成功した人は、周りの人たちから尊敬される。だが、どんなに尊敬されても、その言葉はまるで流行り歌のように空しく響くばかりだ。虚飾をはぎとった「そのままの私」には、誰も注意を払ってはくれない。だから孤独だ。そして、孤独を感じれば感じるほど、金持ちはさらに自らの所有物に固執する。それまで失ってしまえば、自分に残るものは何にもないと思っているからだ。人を信じることなどできない。昔の友人と会っても、もはや友と見なしてもらえない。今では、頼みごとや投資のために群がる依頼人にすぎないのだ。

このような人は、どんなにお金を持っていても一粒の米すら食べることができない飢餓に苦しんでいるようなものだ。本当に必要なのはお金ではない。お金がなくても米さえあれば、人は生命を保つことができる。それと同じように、どんなにお金があっても、「そのままの私」に注意を払ってもらえない人の心は、どこまでもいっても飢餓状態だ。金塊の山の中で飢餓に苦しむ大金持ちの滑稽な姿を想像してほしい。心の領域では、常にこのような状況があふれている。

根源的な寂しさを脱するために

ある裕福な高齢者が、病み衰えた自分を、数年間真心こめて看病してくれた女性に、財産の相当部分を譲渡する遺言状を作成した。それを知って驚いたのが実の息子たちだ。

父親は、長患いの果てに意識が朦朧《もうろう》としてしまったか、心が弱って誤った判断をしているかにちがいない。そう考えた。しかし、老人の決意は揺るがなかった。自分に力がある時そばにいてくれた人たちよりも、自分が弱ってしまった時に献身的な世話をしてくれた人のほうが、自分の存在をありのまま受けてくれていると感じられたからである。

高級な正装に階級章や宝石をジャラジャラとつけていた時の私に注目し、認めてくれた人よりも、何も持っていない私をありのまま尊重し手厚く世話をしてくれた人の気持ちのほうが、よほど骨身に染みる。「そのままの私」を受け止めてくれた人だけが、私の人生にとって意味のある人なのだ。彼ら親子の間に、たとえ若干の行きちがいはあったにせよ、ここに述べたことは、心の領域で明白な事実である。

そのような人と出会えて、初めて人は、存在を揺るがす根源的な寂しさを免れ、根源的な不安から解放される。生きるのに必要最低限の精神的基盤を築くことができるようになるのは、それからだ。

私は、社会的弱者の多い街の交流スペースで、彼らが負った心の傷とその痛みに共感し、心を重ねる何人もの市民と出会った。その中のひとりである会社員は、毎日退社した後ならその日遅くまで、休日や週末なら終日、そこで過ごしていた。さまざまな話をする中で、ふと彼はこんな胸の内を明かした。この溜まり場に来ると幸せな気持ちになる。話を聞いてもらって癒された人たちが、私に「ありがとう」と言いながら、笑ったり喜んだりしてくれるからだ。彼は、街の交流スペースでどんなに長い時間を過ごしても、不思議と疲れなかった。利他的な動機から始めたことが、結果として利己的な充足にもつながったのである。

電池切れで消えていく「私」にいかなる助けが必要なのか

職場での生活であろうが、刑務所暮らしであろうが、お金持ちだろうが、貧乏人だろうが、人はすべて関係性の中で生きてゆく。にもかかわらず、どこで誰と会おうが、「そのままの私」に関心を払ってもらえないと、人はつらさから抜け出せない。一度も充電されたことのないバッテリーのように、「そのままの私」が放電を続けていれば、やがて消耗し尽くすだろう。

消耗し尽くした人は精神的には孤独であり、肉体的には脱力した状態だ。これではとうてい生きていけない。年々上昇し続ける自殺率と、それに反して下降し続ける出産率は、そのような現代の状況を映し出す鏡なのだろう。

多くの人は、不安と恐れ、寂しさと虚脱が極限に至って、ようやく専門家を訪ねる。

そして予想通り、大部分がうつ病と診断される。時には医者が診断を下す前に自らそう判断して、ただ薬をもらうために病院を訪ねたりもする。その時の医者は、薬を処方するだけだ。

症状はどれも似たように見えるが、そこに至るまでの個人の歴史、周辺環境や人間関係といった諸要因はそれぞれ異なる。しかし、うつ病という強力な医学的規定の中に組み込まれてしまえば、それらの因果関係は見過ごされ、うつ病という診断名だけがひとり歩きし、「私」の個別性は完全に無視されてしまう。彼らは「うつ病患者」という画一的な存在と見なされ、その原因についても脳内神経伝達物質の不均衡という生物学的要因だけが強調され、等しく抗うつ剤の処方を受ける。

専門家と面会しても、彼らが「そのままの私」に注意を払うことはほとんどない。では、どうすればいいのだろう？　独力で耐えるのが難しい以上、専門家の助けはやはり必要だろう。医者に「うつ病です」と診断されて、自分が苦しんでいることを初めて認めてもらえたと喜ぶ人の気持ちもわかる。

ただ、残念なのはそこで話が終わってしまうところだ。うつ病だということがわかったことで、「私」の存在は後方に押しやられてしまう。ならば、どこで、誰に助けてもらえばいいのだろう。とりあえず言えるのは、先入観を捨てることである。まずは、専門家の資格証を持っている人だけが助けになるわけではない、と考えるようにしよう。その次は、私に必要な助けは何なのか、それを知ろうとすることだ。そこで初めて、本当に必要な解決の糸口を見つけ出すことができる。

2 共感の「外注化《アウトソーシング》」、他者に委ねてしまった「私」の心

中学二年生の息子にうつ病のおそれがあると連絡を受けた母親がいた。スクールカウンセラーが言うには、自殺衝動の予兆もあるので専門家を訪ねたほうがいいとのことだった。母親は衝撃を受け、青少年専門医をインターネットで検索した。

初めての診療で、医師は、まず子どもに心理検査が必要と判断した。検査の日を予約し、一週間後に検査を受けた。検査結果は一〇日余り後に出た。結果はやはりうつ病で、発症には親子関係が大きく影響しているという。

薬を処方してもらい、次の相談日を予約した。だが、息子は家に着く前に、もう病院には行かないと宣言した。薬の服用も拒んだ。

一見奇妙なことだが、それ以上に奇妙なのは、息子がそうやって拒絶の態度をとる一方で、表情は以前よりも柔らかくなってきたことだ。母親にぴったり寄り添ったり、用

意した食事を素直に食べたりもした。こんなことは、最近にはなかったことだ。治療を拒否するから心配したのに、かえって子どもが以前と比べ明らかによくなっているように見えるのだから、母親が胸をなでおろすのも無理はない。親として適切な対処ができていると考え、罪悪感は薄れた。そうこうするうちに、病院に行くこともなくなってしまった。

少し時間が経つと、母親は子どもに当時の気持ちを聞いてみた。息子の答えはこうだ。お母さんと手をつないで病院を行き来したその時間が楽しかった。病院の近くで、お母さんと食べたとんかつがとても美味しかった。母親はそれらの言葉を聞きながら、自分の心が救われる思いだったという。

息子は、こうも言った。「お母さんが医者の話を聞きながら目に涙を溜めているのを見て、そうか、お母さんは僕のために涙を流してくれているんだなと感じた」と。自分は母にとってつまらない存在ではない。その確信が、このうえない安心感を与えてくれたのだ。息子が薬の処方も継続的なカウンセリング治療も拒んだのは、すでにそれが不要なくらいに穏やかな気持ちを取り戻せていたからにほかならない。母親は、そこまでの話を私に伝える間、とめどなくあふれる涙を拭おうともしなかった。

最も先に出会うべき人

この子どもは、心理検査、薬物治療、精神科医の助けを借りなくても、うつ病から抜け出すことができたと考えるべきだろうか。結論から言えば、そうである。つまり心理検査、薬物治療、精神科医よりも確かな処方箋があるということだ。母親の存在そのものが、まさにそれだろう。父親と母親の関係は何年もの間冷え切っており、母親はすっかり虚脱状態にあった。息子にうつ病のおそれがあるという連絡を受けたのは、そんな時だ。母親は、息子の問題に気持ちを集中させた。

子どもから診療を拒まれた医者は、おそらく、うつ病なのだから心理検査はすべきだし、薬を飲まなければならないという医学的な判断を重視するあまり、あるがままの子どもに注意を払うことを怠ってしまったのだろう。かつての母親がそうであったように。このように、マニュアル通りの一方的な診療システムでは、患者を孤立させてしまうこともある。

「私」の存在に注目せず、「私」の痛みに寄り添わない医療関係者がどんなに救いの手を差し伸べても子どもの心が動かなかったのは、ごく自然な反応である。医者だけではない。スクールカウンセラーは自殺衝動という事態に恐れをなし、事後の処理を母親に丸投げした。母親は母親で、医者にすべてを委ねようとした。そんな大人たちに、子どもは何の関心も示さない。

こういう時、スクールカウンセラーや母親は、有能な専門医を探すことよりも、あるがままの子どもと向き合うべきだったのである。子どもの発するＳＯＳに気づいていながら、なぜその本人からその原因を直接聞き出そうとしなかったのか。生々しい子どもの悲鳴を聞きながら、当の子どもを脇に置き、周りの大人同士でただ騒いでいるだけだった。とんだ遠回りである。話を聞くだけなら、専門家でなくたってできたというのに。

「先生の話を聞いてお母さんは本当に驚いたの。私はあなたがそんなに苦しんでいるなんて、ちっとも知らなかった。ごめんね。これまでどれほど苦しんだのかしら。今のあなたの心はどんな具合なの？」

母親なら、まず、子どもの目を見ながら、このように直接聞くべきであった。母親であろうが、教師であろうが、子どもが大変なことになっているとわかれば、誰でも真っ先に行うべきは、子どもとしっかり向き合うことである。なによりも優先すべきはそれなのに、たいていの大人はその手順をすっ飛ばしてしまう。

母親から子どもに注がれる視線が、その子の存在自体を見据えているのであれば、子どもの中の「あるがままの私」は、心臓の鼓動のように力強く反応するだろう。ちょうどそれは、降り注ぐ日光に反応し、生命力をみなぎらせる植物と同じだ。子どもにとって母親からの温かな眼差しは、「心理的心肺蘇生術（ＣＰＲ）」そのものだ。

救急患者にＣＰＲを施さなければ、病院の入り口に到着する前にその患者は命を失ってしまうだろう。スクールカウンセラーも母親も、あるいは精神科医でさえも、自殺衝動という深刻な状況下に置かれた子どもに、心理的ＣＰＲを施さなかった。前述のケースは本当に奇蹟的としか言いようがない。病院と自宅を行き来する間にさまざまな偶然が重なって、心理的ＣＰＲと同じ効果が得られたにすぎない。本来なら、子どもが苦しんでいるとわかった時点で母親にはすぐやるべきことがあった。それは子どもにまず尋ねてみることだ。専門医にしか治せない心臓疾患とか遺伝疾患とかいった問題ではなく、自分の子どもの心の問題ならば、そうすべきである。子どもの目を見て、よく話し合えばいい。

「私がお父さんと喧嘩していた時、あなたの心はどんな具合だった？　きっと大変だったよね」

このように聞いてみるべきだった。そうすることで、これまで見失っていた、あるがままの子どもを取り戻すことができるからだ。子どもの自殺衝動は、ウィルス感染に由来する疾患とはちがう。一般人にはとうてい知り得ない珍しい病気でもない。それは、日々の暮らしの中で、常に起こり得るものである。

町を歩いている時、子どもとはぐれてしまったら、警察へ駆け込む前に「私があの子だったら、どうしたいと思うだろう」と想像し、子どもが行きそうな場所を探し回るべきであろう。それが子どもを探す近道だ。子どもを見失ったからといって、いきなり飛行機に乗り込む親はいない。歩いて迷子になった子どもを探すには、自分も歩いてみることだ。

そう、これと同じ理屈なのだ。自殺衝動があるという深刻な状況だからこそ、何か特別で専門的な処置が必要なのではないか、と考えるかもしれない。特殊な状況なのだから、専門家の力を借りなければならないと思うかもしれない。他者に対する理解とか、共感とかいったようなものは、緊急時にはなんの役にも立たないと。しかし、そんなことはない。相手の心に寄り添う理解と共感こそが、なによりも迅速に求められる適切かつ必要な処置なのである。

統合失調症などいくつかの精神疾患に関していえば、医師の高度な専門的判断が求められることがある。そうした精神疾患の場合、患者の行動の中に一般人には理解しがたい特殊なパターンが見られるからだ。しかし、子どもが家庭や友だちとの関係において経験する日常的な葛藤や傷などは、そのかぎりではない。私の子どもが私と生活をともにする中で経験する、私の子どもの心に関する日常の問題である。

疾病とまではいえない日常レベルの精神的苦痛に直面した人の場合、他者からの自然で常識的な反応が、時に最も効果的な治癒法になる。そういう反応のほうが、人の心により早く染み込みやすいのだ。そのことをよくわかっている人なら、誰でも優れた治癒家になれるだろう。いかなる苦痛を受けた人であっても、その苦しみと同じ目線で向き合って、話を聞き、理解し、共感してくれる人がいてくれたら、かならず助けになるのである。

先の子どものケースでは、今の自分の状態に本当の意味で注意を払い、わかってくれる人が最初はいなかった。それを探す方法も見つからず、精も根も尽き果てた状態だったのである。にもかかわらず、そばにいる大人たちは、まるで子どもの遊びの「ハンカチ落とし」みたいに、彼の苦痛を次の人へと順に手渡していくばかりだった。スクールカウンセラーは親に、親は精神科医に、精神科医は薬剤師や次回の面談者へと、次々にハンカチを渡していたのだ。私は、このような事態を「日常の外注化（アウトソーシング）」と呼んでいる。

赤ちゃんの「いやいや」「あんよ」を教師が教えたり、恋の仕方を塾で学ばせたりするのは大きな間ちがいだ。このような非常識的で非日常的な外注化は、人を不幸にするだけだ。先の事例においては、非専門的でごく些細なものにすぎない母親の反応が子どもの心を決定的に動かした。涙を溜めて動揺した母親の瞳、とんかつ屋でお母さんと向かい合わせに食事をした時間。これらは、心が苦しくて今にも息絶えそうになっていた子どもにとって、酸素ボンベの役割を果たした。その治癒効果は薬物の比ではなかったようだ。

既に日常に近くなった「死の衝動」

それでも、もしその結果、子どもが命の危険に晒されたらどうしよう、その時は専門家の助けが要るのではないか、と焦る気持ちはわかる。懸念されるのは、自殺衝動が現実のものとなる場合だ。まったく予測していなかった時にやってくる人の死は、他のどんな恐怖にもまして恐ろしい。死という言葉を耳にするだけでギョッとしてしまい、遠ざけたくなる。

だが、もう少し冷静に考えてみよう。現在、私たちの日常から垣間見える死や死の衝動は、うつ病患者という特殊なカテゴリーでのみ現れる例外的な現象なのだろうか。また、死の衝動に駆られる人は、すべて重症のうつ病患者なのだろうか。いずれも答えは、ノーである。

この国の日常は、死の衝動を特別な疾病の兆候と見なすことができないほど、不穏な空気に包まれている。あらゆることが戦闘的であり、常に不幸と隣り合わせなのだ。過去十年余り、我が国の自殺率は世界最高のレベルである。誰でも、周囲に自殺や悲劇的な事故で世を去った家族、知人のひとりやふたりはいる。

他人事ではない。私ひとりがこの世から消えてなくなれば、全ての人が楽になるのではないか、と考えることもしばしばである。生きるのがあまりにも苦しくて、ほんの一瞬の苦しみを我慢しさえすれば、永遠に続くかのような地獄の責め苦から逃れられるのではないか、と。

平和なこの時代に、ただ毎日職場に通っているだけで、ふと死の衝動に駆り立てられる瞬間もある。たとえ直接的には「感情労働（訳注：肉体よりも感情に大きな負荷がかかり、終えた後も達成感や充足感などが得られない労働）」のカテゴリーに属する仕事をやっていなくても、我が国の労働環境全般が、つらい感情労働に属するといっていいだろう。パワハラを耐えるのは、いまや社会生活の本質となりつつある。権威主義的で家父長制的な文化によって学校や職場で死ぬほどつらい人々を思い浮かべてみよう。そのような苦痛を経験していない人を数えたほうが早いくらいである。

拷問のような家庭内暴力を受けながら、「息を殺して」生きている人々も想像以上に多い。まさに地獄のような生活である。韓国社会においては、死や死の衝動が日常の一部なのだ。

このような状況で、死への衝動は、精神科医の診断書の中に封じ込められた特殊な症例としてのみ捉えることはできない。私たちの生活は、常に死と隣り合わせなのだ。それぞれが抱える複雑な状況と葛藤の脇には、死がぴったりと寄り添っている。個々の状況を鑑みないで、死への衝動を医学的疾病としてのみ考えていたら、診断を誤ることになるだろう。

「死にたい」と話す人を前にして、その人がつらい気持ちを表すために比喩として「死」という言葉を口にしたのか、それとも本当に自殺直前の人が投げかけた言葉なのかを判断できず、迷うことはある。単純にその言葉だけを聞いて、その人が今どちらの意味でそう言ったのかを特定することは、たとえ専門家でも不可能だ。そういう時に必要なのは、できるだけたくさん話をすること。ふたつのうちの、どちらの状況なのか明らかになるまで、恐れずに落ち着いて話を聞くべきだ。

誰かが落ち着いて注意深く尋ねてやらなければ、死にたいと話した当事者も混乱していて、自分がただつらくてそう言ったのか、本当に自分が極端なことをやってしまう状態にあるのかが、わからない可能性もある。しかもわからないなりに、死という言葉を思い浮かべただけで不安と恐怖をますます募らせるから、どちらにしても状況は深刻だ。誰かの質問に答えることで初めて、自分の心が今どちらの状態にあるのかを知ることができる。話を聞くことが大切だというのは、そういうことだ。たとえば、次のようなやりとりを考えてみよう。


「死にたい……」

「そうなんだ。いつからそんなふうに思うようになったの？」

「よくわからない。（長い沈黙の後）ずいぶん前からのような気がするけど、最近どんどんそういう気持ちが強くなってきているみたいで……」

「そうか。長いことそうだったのなら、これまで本当につらかったよね。今まではどうやってそのつらさに耐えてきたの？」

「ひとりでぼんやりと過ごしたり、ゲームをやったり」

「そうすれば、少しは収まった？」

「その時だけはね。ゲームに負けたりすると、もっとストレスになることもあるし
……」

「そうだったんだ。だからあなたは、このところゲームにはまってたんだね。そうとは知らず、親からゲームばっかりしてなんて、小言を言われたりしたんじゃない？　最近はどういう時に死にたいと思うの？」


死にたい気持ちについて尋ねているうちに、その気持ちの周辺にある彼の具体的な行動へとさり気なく話題が移っていることに注目してほしい。彼の日常にまつわる具体的なエピソードと、「彼の死にたいという気持ち」との結びつきの中で、気にかかることがあれば、さらに問いかけてみてもいい。

重要なのは、何を問うかではない。死にたいという気分になっている人の苦痛に関心を示し続け、とにかく放置しないことだ。

人は誰かが死にたいと漏らした時、その気持ちに深く立ち入るのは相手を傷つける行

為だと考えがちである。だが、それはちがう。むしろまったく逆だ。苦痛の中にいる人が最も切実に望むのは、自分の気持ちに深く立ち入ってくれる人の存在である。筆舌に尽くしがたい苦痛をなんとか言葉にした時、その言葉に深く注目し、問いを投げかけてくれる人がそこにいる時点で、慰めと癒しはすでに始まっている。何を尋ねるのかではなく、「私の心」を気にかけてくれる人が存在すること自体が、治癒そのものなのである。

それがあるだけでも、専門医を受診するまでのつなぎにはなるし、場合によっては、最後まで専門医の手を借りないまま、その人の命を救うことになるかもしれない。

専門家を頼りすぎない

中学二年生の息子と母親が自宅と病院を往復する中で共有し、確認し合った互いの目の色、握り合った手の感触、とんかつを食べながら交わし、共鳴し合った言葉の数々、そこから知り得た母親と息子の関係性、愛、そして憐憫の情。このような回復と復元のプロセスをたどらないかぎり、いかなる専門家的な治療も無駄になっただろう。

日常的な人と人との交感を経ずに、専門的な手段にのみ頼ろうとする行為、それが

「日常の外注化」である。子どもに急性の喘息症状がある親は、常にスプレー（噴霧器：急性喘息の発作が起きた時、呼吸を維持するために用いる薬物）を持ち歩く。緊急事態が迫ったら、病院に駆けつけたり、一一九番をコールしたりする前に、まず親が適切な措置をしなくてはならない。

これと同じように、どんな非常事態であれ、内容を熟知し、日頃の備えを怠らなければ、それほど多くを専門家に任せる必要はない。むしろ、そのほうが迅速で安全ということも多い。

日常の外注化に頼りすぎると、かえって問題が大きくなることもあるのだ。たとえば、ある人が、医師からうつ病と診断されたとしよう。その人はうつ病患者という存在として対象化されることで、「ありのままの私」が阻害され、いっそう寂しさをつのらせる可能性が十分にある。心が苦しくて疲れきっている時、人が何より求めているのは情緒的な欲求を満たすことのはずなのに、事実は逆で、うつ病患者としての孤独を味わわなくてはならないのだ。薬の処方という高度な専門的治療と引き換えに、満たされずにいる情緒を充電する機会を失ってしまうのである。そして、本人はそうとも知らずに、どんどん心をしぼませ続けていく。

ごちゃごちゃしていて、自分でも理由のよくわからない苦痛を解決できる最後の拠りどころと考えていた医療機関を訪ねた結果、さらに苦痛と寂しさを増していくことは、絶望以外の何物でもない。こうして医療その他の専門機関は、あきらめと無気力を強めてしまうシステムへと陥っていく。誰もそんなことは望んでいないのに、うつ病という診断が、多くの人を深刻な危機に導いてしまうのである。

人間関係で葛藤したり痛い目に遭ったりするのは、べつに特別なことではない。ごく普通の暮らしの中で起こる生理現象みたいなものだ。だからこそ、自分の手で解決する最低限の方法を身につけておかないと、毎日の生活がつらい。うつ病に対する医学的な処置は、時にそうした人間の自然治癒力を邪魔してしまうこともあるから、注意しなければならない。もちろん、医療行為にも一定の効果はあるが、それと同時に副作用の心配もしなくてはならない。

私たちの生活を取り巻く心の痛みは、精神科医がカバーできる領域を遥かに超えた要素によって構成されている。

3　憂うつは人生のベースカラー

「孤独な育児が始まって何か月もしないうちに、その人の顔から少しずつ笑顔が消えていきました。私の一挙手一投足を不満に思っているようであり、それどころか私という存在自体を嫌がっているようにさえ見えました。その人のそばにいると、私まで心がつらく、憂うつになりました。しかし、その人がなぜ変わってしまったのか、なぜあれほど苦しんでいるのかを知っているので、じっと耐えました。

一回目の話し合いは慎重に行いました。あなたはとても苦しんで、うつ病のようだ。それは、心の風邪のようなものだから、病院に行って薬を処方してもらってはどうかと勧めました。すると、その人は怒りながら、こう言いました。苦しいのはうつ病のせいではない。あなたが家事を手伝わず、たまに手伝っても下手くそなので、いらだたしいのだ、と。私が、私自身のまちがいに気づかず、自分をうつ病患者だと責め立てていると感じたわけです。これ以上話すと、さらに気分がひどくなると思い、それで話をするのを止めましたが、あの時もっと話し合って、専門家に相談したり治療を受けたりするよう説得しなかったことをずっと後悔しています」

右の文章は、若い夫婦の育児日記の一部分だ。夫の手伝いなしに、ひとりで育児をしながら産後うつ病に苦しめられる妻を眺める夫の文章のように見えるが、実はそうではない。逆だ。この文章は、青年比例代表で当選したザン・ハナ前議員が「ハンギョレ新聞」に寄稿したコラムの一部である。ザン前議員は女性だ。そしてこれは、彼女が出産休暇を終えて仕事場である国会に復帰した後、彼女の夫がひとりで赤ちゃんの世話をしながら苦労していた時の姿を記した文章だ。ようするに、育児日記の中で産後うつ病のような症状を示しているのは、彼女の夫である（先の引用文では、あえて「夫」を「その人」と表現するなどして性別を隠した）。彼女の文章は、以下のように続く。

「うつ病の原因を、産後の急激なホルモン・バランスの変化とそれにともなう体調の変化に帰するだけでは、ドリの父（彼女の夫）が経験した苦痛を説明することができません。産後うつ病は、生物学的要因だけでなく、育児による疲労・睡眠障害・ストレスなど生活上の変化と心理的要因によって引き起こされます。福祉省の『国家健康情報ポータルサイト』によれば、軽度の産後うつは産婦の八五パーセントが経験し、重度の産後うつは産婦の約一〇～二〇パーセント程度に現れるとしています。すなわち、ドリの父が経験したことは、実際に大多数の母が経験していることなのです」

つまり、ワンオペ育児に携わる人の環境や心理に対する配慮がなかったことが、ドリの父の「産後うつ」の原因だったのだ。出産した女性のホルモン・バランスの変化が引き起こす疾患だけを問題にしていたら、気づかないことだろう。ひとりで子どもを世話する環境では、男性も産後うつに陥る。ホルモン・バランスとはまったく関係がない。

現代の精神医学は、社会構造上の要因が複雑に絡んだ個人の心の問題を、さまざまな研究と実験とを動員しながら、生物学的な原因を突き止めることに叡智を結集してきた。触ることも見ることもできない人間の精神という広大な宇宙を、セロトニンその他の神経伝達物質の動きだけで捉えるのは、あまりにも単純すぎる。

もしうつ病という病名がなかったら、私たちの社会はどうなっていただろうか。医療産業や製薬業界におけるうつ病の存在は相当に巨大なものだから、今となっては仮の話でしかないが、そういう世界を想像するだけでも、私の心は軽くなる。今もどこかで苦しんでいる人たちを救える可能性が、一気に広がる思いだ。

（男性なので）ドリの父親の病気が実際には「産後うつ」でないのだとすれば、いったいなんと名づければよいだろう。私は、この質問自体、まちがっていると思う。ドリの父親が経験した憂うつは、病気ではない。人生における、ひとつの局面にすぎないのである。

憂うつと無気力は人生の一部

人間の心や感情は天気のようなものだ。寒い日もあれば、暑い日もある。穏やかな日もあれば、風が吹いたり、大雨が降ったりすることもある。台風が到来し、海や河川が氾濫することもある。だがそうしているうちに、気がつけば虹がかかっていたりもする。気にしても仕方がないことの筆頭は天気だろう。今はよくても、周辺の高気圧と低気圧がぶつかれば、たちどころに激しい雨が降り出すのが空模様だ。

こうした変化は、すべて地表と大気の自然な動きである。台風や津波が私たちの日常をがけっぷちに追い込むことはある。けれども、それは地球が病気だからではない。寒ければ鳥肌が立ち、暑ければ汗が出る。それはまちがった現象でもなければ、病気でもない。鳥肌が立ったり汗をかいたりするのは不便ではあるものの、薬を飲むほどではない。体温を適切に維持しようとして、私たちの体に現れる生理現象である。

人間の感情も同じことだ。悲しさ、無気力、寂しさといった感情も、天気と似ている。感情は、病気の症状ではなく、今の私の心の状態を知らせる自然な反応だ。憂うつは、とても超えるのが難しそうな高くて堅い壁の前に立った時、人間が感情として示す反応のひとつである。人間の生活には、死という壁、一日は二四時間しかないという絶対的な限界という壁が立ち塞がっている。人間の人生とは、壁そのものなのである。そう考えれば、人間が本質的に憂うつな存在であるということにも、納得がいくだろう。

言い換えれば憂うつは、人生の基調色（ベースカラー）をなすものだ。疾病ではなく、人生そのものといってもいいのかもしれない。そのくせ、これに縛られると、一生監獄に閉じ込められたようにも思いこんでしまう。誰に頼ることもできず、ずっと孤独が続くと感じてしまう。この状況を自分ひとりの力で打破するのは、かぎりなく困難だ。そういう時、助けが必要となる。どこか遠くに救いの手段があっても意味はない。日常の中で、すぐに役立つ助けでなくてはならないのだ。

大企業の元CEOで、今は引退した男性がいる。退職後の彼は、覇気がなくなり、そのくせちょっとしたことで怒り出した。やたらと被害者意識が強く、ごく些細なことにも敏感に反応した。無気力な状態から脱するために運動を始め、中国語の塾にも登録した。翌日に特別な約束がなくても、現役時代と同じように、目覚まし時計のアラームを朝五時に合わせてから床についた。緊張がほぐれると思って、そうしたのだ。その様子を間近で見ていた妻は、彼には内緒で「夫が引退後にうつ病で苦しんでいる」と私に打ち明けた。

では、夫の無気力は、引退を機に発症したうつ病からくるもので、解決し克服すべき深刻な問題なのだろうか。そうではない。克服の対象ではなく、人生の局面において彼のうちに生じた大切な感情である。無気力になったのは、引退後の生活に適応できなかったからではない。

むしろ、引退後にこのような感情の変化が見られなかった時のほうが問題だ。退職しても依然として意欲と活力がみなぎっている人がいたとしたら、そっちのほうが私は心配になる。添加物だらけで日持ちのするハンバーガーみたいに、加齢によるリタイアという流れを不自然な方法で無理にせき止めても、どこかに必ず無理が生じる。どうせ一度は直面し、受け入れるべき人生の宿題を後回しにしてしまえば、そのうちに大きなツケを払わされてしまうことになるだろう。退職後の憂うつや無気力は、人としてごく自然の反応である。前向きに受け止めるべきシグナルなのだ。

その点を、もう少し考えてみよう。

私たちの国の職場では、ほとんどの人が自己を抑圧し、与えられたひとつの役割を果たすことにばかりかまけている。会社にとって社員は道具であり、彼らの社会的成功は自己を抑圧した成果である。したがって、彼らがリタイアする時は、それまでの自分に染みついた抑圧を、一気に解き放つ瞬間である。大げさにいえば、ずっと監獄にいた人が出所して、明るい日差しに思わず目が眩んだような状態だ。それまで決まった時間の中で生活をしていたのに、引退後はどこへ足を運んでもよく、いつ食事をしようが、いつ床につこうが、一切自由である。あるがままの自分を取り戻した瞬間だ。

しかしそれは、服役囚が刑期を終えて、社会に復帰したようなものだ。それまでの自分と、自由な環境とのギャップに、心のどこかで恐怖を感じている。無気力と憂うつの原因も、実はそれだ。刑務所から出所したばかりの人の瞳に、屋外の光は刺激が強すぎて、とても直視できないのと同じである。多くの時間と行動の自由という刺激への耐性がない引退者は、まず自分の身を護ろうとする。無気力な状態になって、じっとしているることを選ぶのである。言い換えればそれは、今はおとなしく座って自分の人生を顧みる時だということを、自らの心と体に警告しているのである。

そういう段階で、若いころの活力を取り戻したいと無理にスポーツジムやカルチャーセンターを転々とするのは考えものだ。新しい環境に慣れるまで、もう少しおとなしくしていよう。憂うつで無気力な心が、そうあなたに勧めているのだから。

そうやって、いったんおとなしくしているうちに、「私」の感情は少しずつ現実感覚を取り戻していく。ただしこの場合の現実は、引退前のそれとイコールではない。「私にも頼るところのない孤独な時があるんだな」「いかなる計画も思い浮かばず、何も手につかない時だってある」「私もそうなるのか」といったところが、文字通りの現実感覚であろう。それまで顧みることのなかった家族が現実味を帯びてくるのも、このころからである。私は誰なのか、家族にとって私はどのような存在だったのか、これまで私はどのような生活をしてきたのかを、本当の意味で感じるのだ。今までの仕事中心の生活から枷《かせ》が外れ、「本当の私」と出会える至福の瞬間である。

ようは、前記のプロセスの中に、憂うつと無気力という感情が噴き出す瞬間が組み込まれているということだ。その感情をひとつのステップにして、「本当の私」の人生が始まるのである。彼の無気力は、輝くばかりと思われていた自らの人生に、残念な面があったことの表れでもある。頭で考えただけでは感知できなかったことでも、感情レベルでは気づいているのだ。現役時代の彼は、非日常的、非人間的であったかもしれない。しかし、今はちがう。引退後に初めて経験する「本当の私」の人生は、そのようにして憂うつや無気力と共に始まるのである。

九〇歳を超えている、友人の老母の話をしよう。ある時その老母が、転倒して骨盤と大腿骨を骨折してしまった。以来、あんなに明るかった母親が、しきりに死について口にするようになったと友人はいう。そして私に、「母はどうやら、うつ病みたいだから、薬を飲ませたほうがいいよね？」と尋ねるので、私は逆にこう問い返した。

「九〇歳を超えたお母さんが病床で死について語ったからといって、どうしてそれを病気だと考えるの？　その状況で、これからの人生に意欲を燃やしたり、治療に専念しようとしたりするほうが、よほど不自然だわ。死について語る高齢のお母さんに対し、私なら〝ねえお母さん、お迎えが来た気がするの？〟〝死ぬのは怖い？〟〝最近は誰のことを思い出す？〟そんなふうに話すと思うけど。そうすれば、ふたりで素敵な時間が過ごせるもの」

これからもその母親は、どんどん弱っていくだろう。だからといって、心配しすぎるのは逆効果だ。母と娘が寄り添い合って、死に対する恐怖や、人生でやり残したこと、あるいは後悔といった話題を心安らかに分かち合う時間と比べたら、どんな治療薬だって敵わない。見知らぬ精神科医と面談し、抗うつ剤を飲まされて頭がぼうっとした状態のまま残り少ない人生を過ごすほうが、よほど不健全だ。わざわざ、うつ病などと要らぬ病名をつけて、医者に貴重な時間を奪われる必要がどこにあるだろう。

身内にとって老母の死を意識した発言や憂うつそうな態度は、治療に価しない。そういう時は、彼女の感情の波にリズムを合わせ、並走してあげるのが何よりの良薬だ。

私の感情のすべてが、人生の羅針盤

現代の精神医学では、「人生における多くの精神的な問題は、脳内神経伝達物質の化学的不均衡によって引き起こされる精神疾患なので、薬を飲んで解決しなさい」と喧伝しがちである。そのような考えに基づいてビジネスを構築してきた医療業界は、もはや後戻りすることができないくらいに肥大化した。

子どもを失った親の悲しさの何が、うつ病なのか。末期がんの宣告を受けた人の不安と恐怖が、なぜうつ病なのか。引退後の無気力感と苛立ち、被害者意識をどうして、ううつ病と決めつけるのか。学校でイジメを受ける子どもの憂うつと不安を脳内神経伝達物質の不均衡が引き起こしたうつ病のせいにする専門家たちは、非情で無責任である。それらは、私たちが日常的に遭遇するトラブルの数々であり、人々が互いに助け合って乗り越えるべき人生のハードルである。

独りで乗り越えるのが難しい状況に置かれた人がいたら、専門医に相談するよりも先に、自分がどのような態度で接してあげるかを考えるべきだ。そのほうがよほど、うまくいく可能性が高いし、だいいち楽だ。

セウォル号事件では、数多くのボランティアが、事件現場に駆けつけた。彼らが口にするのは、ほぼ同じ言葉だった。

「私にできることは何にもない。あまりに無力すぎて罪悪感に襲われる」

彼らの無力感や罪の意識は、敗者ゆえの感情だろうか。ちがう。これまで数年間、セウォル号事件の遺族たちが、極限のトラウマを経験しながらも命を捨てずに耐えきることができたのは、こうしたボランティアたちと遺族との「無力感と罪意識で結ばれた巨大な連帯」の賜物だと私は考えている。

海の下にあったセウォル号を海上に引き上げた原動力も、無力感と罪意識の連帯が生み出した怒りだったのだろう。朴槿恵《パククネ》政権（当時）にメディアまでが加わって、遺族たちの傷に塩を塗るような行いをしたにもかかわらず、彼らがそれに耐えきることができたのは、無名の市民たちの連帯意識が、天使のように彼らをかばってくれたからである。一人ひとりの力はかすかなものにちがいない。しかし、それらは連帯することで、非道な政権を引きずり下ろす決定的な力となった。

罪意識と無力感は、一見すると自分を疲弊させるやっかいな感情のようにも思えるが、そうではない。有史以来、罪意識と無力感に根差した市民の連帯は、社会を動かす大きな力となってきた。

私たちの中にあるすべての感情は、人生の航路を指し示す羅針盤だ。薬を使ってむやみに押えつけてよいものであるわけがない。感情は、「私」という存在の核である。それを薬で有無を言わさず抑え込んでしまうと、人はどこへ向かって漕ぎ出せばいいのか、わからなくなってしまう。

4 「自分」が薄まっていくほど、存在証明のためにもがき苦しむ

「ありのままの私」「私の存在自体」に気づいてもらうことも、注目されることもない人生は、生存そのものが困難である。そんな扱いを受けながら、元気でいなさいなどと言われるのは、酸素のないところで生きることを強制されるのに等しい。ありのままの私の存在としっかり向き合ってくれる人がそばにいて、初めて人は真の人生を歩むことができる。それこそが、人が生きていくのに必要な最低条件なのだ。それに比べたら、実力や才能、学力や容姿の良し悪しなどは問題ではない。一切の利害を抜きに、無条件で私を愛し支持してくれる家族のような人たちとの関係が、人間にはかならず必要なのである。

本当の自分の中にある感情や考えを表に出すたびに、否定されたり無視されたりしてきた人の人生は、バッテリー残量が三パーセントしかない携帯電話と似ている。今にも

息切れがしそうだ。携帯電話なら、電池が切れてそのまま動作が止まるだけだろう。しかし、生身の人間はそういうわけにいかない。

自己消滅に対する恐怖と不安にさいなまれた人は、電池切れへの抵抗に手段を選ばない。必死に自分の存在を証明しようとするだろう。人が身を投げるのも、そうした事態に対して生命が見せる本能的な反応だ。本来なら三〇パーセントの力が必要なことに全力を注ぐこともある。しかし、実際の残量は三パーセントしかない。そこに悲劇が訪れる。瞬時にすべてを燃やし、灰と化す末路は哀れである。

人生を電池切れにされた人々がより強く「私」を現そうとする

厳しい状況にもめげず頑張っていた人が、突然人生を終わらせたという話を聞けば、混乱し、衝撃をおぼえるにちがいない。あれほど人生に対して前向きに考え、これからの計画に向けて具体的な準備だってしていたのに……。表面的な行動を見ているだけでは、わからないものだ。「ありのままの私」が委縮してしまった人ほど、そのぶん、より大きく、より高く、より強い「私」を構築するために、いっそう頑張ってしまうことがある。たとえそれで、命を削ることになっても。

人は、飲み水が手に入らなければ、汚水でも飲む。渇きに苦しむ人にとって、お腹を壊すかどうかは、二の次だ。腹痛でのたうち回ることはあっても、死にはしない。「ありのままの私」で生きられない時、人は自らの存在を証明するために、自分に不向きな仕事に精を出し、時には暴力の行使も辞さない。社会的弱者を痛めつける言動を繰り返した「イルベ」というネット極右団体の会員と話をしたことがあるが、彼ら自身、社会から孤立した人たちで、一人ひとりはとても気が小さく軟弱だった。彼らもまたリアルな日常では、誰からも本当の意味で注意を払ってもらえない、ひ弱な存在だった。その素顔に触れた警察も被害者も、あまりのギャップに虚脱感を覚えたほどに。

彼らが生きる仮想のネット世界では、攻撃的で危うい言動をすればするほど、他者からの賞賛を得やすい。だから彼らは、どんな手を使ってでも、そうやって自らの存在を証明しようとする。数にものをいわせながら、汚水を飲むことで、残量三パーセントの自分をなんとか延命させることに必死なのだ。自分たちの言動が、他人にいつまでも消えない傷をつけ、さらには命を奪う恐れさえあると自覚するだけの余裕はどこにもない。

数年前、ドイツの航空会社で副機長をしていたルービッツ（当時二八歳）が、トイレに立った機長を操縦室から締め出し、航空機を故意に墜落させる事件があった。ルービッツ本人を含む一五〇名の命を失うむごたらしい惨事である。人々は驚愕した。そして、理由を知りたがった。

だが、こういう時の常で、分析の結果は、犯人のうつ病が主な原因というものだった。たしかに、ルービッツにはうつ病の治療歴があった。だが、うつ病と、一五〇名もの乗員を故意に殺したこととの因果関係を証明することなど、とうてい不可能だ。にもかかわらず、日常的なストレスを受けて自殺した人も、一五〇名もの乗員を殺した人も、同じうつ病という診断で済ませてしまった。

それまでドイツでは、プライバシー保護の観点から、航空会社が操縦士を採用する際に、その精神的疾患の治療歴を詳しく調べることはしてこなかった。しかし、ルービッツの事件以降、その考えは完全に覆されている。ただ、私は、この件についてもう少し議論すべきだと思っている。ルービッツが事件を引き起こしたのは、本当にうつ病のせいだと断言できるだろうか？　これはとても重要な問いだ。当時のルービッツの心理状態を、ひとつの病名で包括的に言い表すことなど、果たしてできるだろうか？

「うつ病診断」は矛盾だらけ

現在の精神医療の現場では、うつ病の診断があまりにも容易に下されている。ありふれたノイローゼのひとつであるうつ病（気分不全障害）を診断する基準は、次の通りである。一日の大部分が憂うつな気分であった期間が二年以上持続しながら、次の六つの項目のうち、二つ以上が該当すればうつ病と診断するのだ。

一　不眠や過剰睡眠
二　食欲不振や過食
三　活力低下や疲労感
四　自尊心の低下
五　集中力の減少や意思決定困難
六　絶望感

以上、精神疾患についてのアメリカの標準診断団体であるＤＳＭ－５（Diagnostic and Statistical Manual of Mental Disorders_5th edition）による基準である。この診断基準は、ほぼすべての国の精神科医及び研究者たちにとって聖書のごときもので、韓国の医療機関でも、これを基に診断を行う。

うつ病という同一の診断を受けた人々であっても、表面に現れている症状以外に特別な共通点がない場合が多い。当然だ。診断基準自体が、病気の原因になりそうな心理的要素や性格的特性、コンプレックスなどとは関係なく、表面的な症状の類似性に基づいて作られているのだから。脳生理学的、生物学的、映像学的検査法などは、採用していない。

たとえば、胃がんであれば、組織検査でがん細胞を確認してから、最終的な診断を下す。消化不良、胃もたれ、体重減少などの表面的症状だけで胃がんと診断し、抗がん剤を投与することはしない。胃がんにかかった人々がそのような症状を見せることはあるが、それは他の胃腸疾病や、心因性の疾患にも見られる症状だからである。症状だけで胃がんと診断すれば、抗がん剤治療を受けた人が、実は胃潰瘍の患者であったかもしれない、などという状況に遭遇するおそれもある。

肝臓に腫瘤（mass）が発見された場合、担当医はその腫瘤の性質が何なのかを特定しなければならない。がんなのか、がんなら悪性なのか陽性なのか、がんでなければ血管腫なのか、肝ディストマのような寄生虫によるものなのかなどを、区別しなければならない。腫瘤の属性によって治療方法もちがうし、予後もさまざまだからだ。

ところが、現代精神医学では現れた症状だけで診断を確定する。そして他のいかなる要素も診断に影響を及ぼすことがないようにチェックリストを作成した。表面的な症状が同じであれば、同じ疾病である。失職した人の憂うつもうつ病なら、失恋した人や子どもを失った親の憂うつもうつ病、一五〇名の人を殺した人も前記の診断項目が満たされれば、同じうつ病なのだ。

うつ病の診断を下す時には、原因は突き詰めず、表面に現れた症状のみで確定する。うつ病は生物学的な原因により生じたものであるとし、薬物治療が治療のすべてであるかのように患者にも説明する。薬物の助けで症状が緩和し、気持ちが楽になる人ももちろんいるが、薬物がうつ病治療のすべてではない。

これは、チェックリストありきの現代精神医学に生じた矛盾であり悲劇である。かつて、うつ病は「心の風邪」とされ、もっと軽い病気と考えられていたのに、今では、うつ病を「心のがん」と呼ぶ人さえいる。これではまるで、風邪とがんが同じ病気みたいではないか。いったい、うつ病は、風邪式の治療で済ませるべきなのか、それとも、がんのごとき重い病気と考えるべきなのか。

自分の存在感を極大化する確実な方法

ルービッツによる飛行機墜落事故の原因を、専門家たちが彼のうつ病と特定するや否や、世間は彼の惨たらしい行為の真相にようやく触れた思いで、ホッと胸をなで下ろした。それと同時に、操縦士の採用問題、すなわち操縦士を採用する時にはどのような精神的疾患や治療歴があるかを予め調査することが、その種の事件の再発防止につながるものと確信した。しかし、その事件を扱ったドイツとアメリカの心理学系の論文や、ドイツのメディアが試みた分析記事を詳しく読んだ私の意見は、それとはちがう。

ルービッツは、バッテリーが三パーセント程度しか残っていない自己消滅の危機の中で、一五〇パーセントくらいの充電量に相当する非現実的なまでの希望に胸を膨らませた人物として、私の目に映った。事故から遡ることわずか数週間前、自分用とガールフレンド用に、新しいクルマを二台も買ったという事実から、私はそう考えた。彼は、三パーセントしか残っていないエネルギーを使って、それよりはるかに多くのエネルギーを必要とする新しい計画を立てていたのである。

周囲の人たちは、誰もがルービッツにいい印象を持っていた。同僚たちは、彼の口から「死にたい」などという言葉が漏れるのを聞いたことがなく、幼いころの彼を知る隣人たちも、とても愛らしい子どもだったと記憶している。その一方で、事故を起こす数週間前のルービッツは、恋人に対し、「そのうち僕は、世の中のシステムすべてを変えてしまうほどの大きな仕事をするつもりだ。そうすれば、みんなが僕の名前を忘れないだろう」と語っている。

因果関係はどうあれ、バッテリー切れ寸前のルービッツが、世の中に向けて自らの存在を示す最後の反撃に打って出たことは、間ちがいがないと思われる。結果的に彼は成功した。その名前は、たしかに歴史に刻まれた。ただし、汚辱にまみれた形で。

事故後に判明したのは、当時のルービッツは視力の低下が著しく、それが失明寸前の状態まで進行していたため、操縦士という職業を諦めるかどうかの瀬戸際に立たされていたということだ。もちろん、それがルービッツの経験した自己消滅の脅威のすべてではないかもしれない。もうこの世に存在しない彼の内面を、これ以上掘り下げるのは難しいだろう。それでも私は、この途方もない事件の原因をうつ病のみに帰することだけは、どうにも承服しかねるのだ。

自分の存在が揺らぐのが感じられる時、最も簡単に、自分の存在を証明する手段は暴力だ。暴力は、自分の存在感を強くする、最も確実な方法なのである。誰かに対して暴力的な存在になれた時、人はその誰かの中に恐怖を植えつけるというかたちで、自分の存在が急激に増幅されたと感じるのだ。誰もがバッテリー切れ寸前のこんな世の中で、これから私たちは、いったいどうやって生きていけばよいのだろうか。

5　「本当の自分」を蘇生させる心理的CPR

質問一：突如意識を失って倒れ、心臓が止まった人を見かけたら？
答え一：心臓に拍動が戻ってくるまで、胸の中央に両手を置き規則的に強く圧迫する。
質問二：「私」という存在が擦り減って、今にも消えそうな人を見かけたら？
答え二：「私」という存在が蘇生するよう、その核に当たる場所を強く圧迫する。

私は、これを、「〝私〟の蘇生術」あるいは「心理的CPR」と名づけた。わかりやすく言えば、その人にとっての「私」という存在を刺激し、「自分」の話ができるよう、その人の心を適切に刺激してあげるのである。消滅直前の「私」という存在を圧迫し、刺激して、「自分」について語らせるにはどうすればよいのだろうか。

「最近、心の調子はいかがですか」

ある会合で、ニコニコとよく笑う三〇代前半の女性と向かい合って座る機会があった。よく笑ううえに物腰も洗練されていたため、その場に居合わせた人は誰でもすぐ彼女に好感を持った。私もそのひとりである。笑い方にやや形式的なところはあるにせよ、彼女はとても華やかで、魅力的な人物だった。

話の途中、彼女に「最近、心の調子はいかがですか」と尋ねた。その時点で彼女は、私の職業を知らなかったのだが、姿勢を正し、少し間を置くと、「実は……」とためらいながらも、三日前に自殺しようとしたことを打ち明けた。まさかと思ったが、どうやら事実のようだった。

そこで私は、そのまま彼女から視線をそらさず話を聞いた。彼女は、話を続けた。私は自分の意見を差し挟むことなく、「ああ、そんなことがあったの」とうなずきながら彼女を見つめ、時々は、彼女がその時どのようなことを思っていたのか尋ね、それに彼女が答えると、さらに耳を傾けた。その間、彼女は私に頼りきっている様子だった。居合わせた他の人たちも、緊張した面持ちながら、吸い込まれるように彼女の話に耳を傾けた。

特別な助言や慰めの言葉は要らなかった。私はその後も彼女と二、三度会い、話をした。彼女の問題のすべてが解決したわけではないけれど、彼女の自殺願望だけは少なくとも消えていた。現在、彼女は過去の自分を受け入れ、新たな一歩を踏み出そうとしている。

「私の感情」を蘇生させる

ＣＰＲ（心肺蘇生法）は、心臓以外の他の臓器は後まわしにして、ひたすら心臓と呼吸にのみ集中する応急措置である。心臓機能さえ回復すれば、体の他の機能は自ずと連鎖的に作動するからである。心理的ＣＰＲも、同じだ。心理的ＣＰＲにとっての心臓に相当するのは、「〝私〟という存在自体」である。心臓を圧迫する時には、衣服を脱がせ、アクセサリーもすべて外し、胸の中央へ正確に両手を置く。心理的ＣＰＲで衣服やアクセサリーに相当するのは、対外的に何らかの形を装った、「上辺だけの自分」である。だから、それを脱がせて、「本当の自分」に相当する部分を、強く刺激してやらねばならない。

ただし、人は時に「本当の自分」を見誤る。たとえば、周りの誰もが羨む人がいたとする。にもかかわらず、自分の心は寂しく、不安でいっぱいだ。いったい、どちらが本当の自分なのだろう？　それとも、やはり何か問題があるのだろうか？　私の不満は、ただの贅沢にすぎないのか？　それとも、自分は大丈夫だというのは「私が考えたこと」であり、周りの人たちが評価してくれるから、自分は大丈夫だと私の考えが正しいのか、それとも私の感情が正しいのか。私の答えは明確である。常に正しいのは感情なのだ。「私の感情」は、「私」という存在の核に相当する部分である。したがって、「私」が大丈夫かどうかの判断は、「私の感情」をもって行うのが正しい。心理的ＣＰＲが必要な状況なのかどうかも、感情に従って判断すべきだ。

先ほどの女性の事例で、私が彼女に投げかけた「最近、心の調子はどうですか」という質問は、まさに彼女の存在の核を正確に射抜いた言葉である。「誰もが羨む女性」の近況を聞く言葉としてはまったく相応しくない。「魅力あふれる若い女性」に向けた儀礼的な挨拶の言葉ですらない。その質問は、彼女の美貌や経歴、学歴やキャリアといった、彼女という存在が身につけている装飾品をはぎ取り、「彼女の存在の核」である感情に注意を払い、その安否を真っすぐに問う言葉だったのだ。

「感情」あるいは「心」、それが、心理的ＣＰＲを施すべき正確な位置である。とにかくそこへ集中すればいい。私が矢を射抜くように、正確に彼女の存在の核、すなわち心の安否を尋ねた瞬間、彼女の中の「私」「本当の自分」はすぐに反応した。不整脈で拍動が絡まっていた心臓が正常拍動を取り戻すように、混乱の中で絡まっていた彼女の「私」が正常的に作動し始めた。自分の中にある「私」という存在に注目し、「私」に関する本当の話を始めたのである。

その時から彼女は、自分の中にある「本当の自分」について、滔々《とうとう》と語り始めた。コンパやお見合いの席で、お目当ての相手に学歴や職歴、家族について話す時の「自分」は、「本当の自分」なのだろうか。もちろん、ちがう。

私の出身校や、職場、趣味や嗜好、あるいは私の価値観や信念ですら、その多くは私にとってアクセサリーのようなものである。誰かの価値観の受け売りだったり、影響を受けたりして、作られた部分が大きいからだ。一見「私」のように見えながら、どれも「本当の私」ではない。

それでは、傷ついた私の経験談は、「私」という存在自体を見せてくれる話だろうか。時にはそうであるが、そうでない時のほうが多い。私が会う人の多くは、「私は幼い時、母から愛してもらえなかった」とか「私には、典型的な次男次女コンプレックスがある」のように、自分が心に負った傷の話をするが、大抵それは、以前かかったカウンセラーから聞いたり、心理分析の本から得たりした知識をそのまま再生しているだけだったりする。それはただの理論であり、他人の見解である。私の傷そのものについて語ったことにはならない。

私という存在についての話は、そのように固定化されたものではなく、もっと柔軟に形を変えていくものだ。

たとえば、幼い時から親に殴られて生きてきた人が、誰にも言えなかった過去を打ち明けるのは、まだ存在自体についての話といえない。親に叩かれて、その時感じた無力感や羞恥心についての話が、その人の存在自体により近い話である。家庭内暴力に苦しめられた子どもが覚える感情は、成長しながら怒りや無感覚などへと、いくらでも変わりうる類いのものだ。そのような感情を交えて話すことができるなら、それは存在自体について語っていると言えるだろう。私の傷の内容よりも、私の傷に対して私がどのように感じているかが重要なのだ。私の傷が「私」なのではなく、傷を負った私の気持ちと、そこに現れた態度が、「本当の自分」により近いのである。

私の感情や気持ちは、「私」という存在の核であると同時に、そこへ至る入り口でもある。感情を通して人は、率直な自分という存在に出会うことができる。感情を通して人は、自分の存在にぴったりと寄り添うことができる。自分がどんな感情を抱いているのかに敏感であれば、アクセサリーのレベルの「私」ではなく、根源的な「私」としっかり向き合える。「本当の私」が鮮明に浮かび上がることで、初めて人は、自分の人生を堂々と生きられるようになるのだ。

「忠・助・評・判」を行わず、共感しなさい

自分以外の誰かが語る苦しい胸のうちや心の傷、葛藤などに対して、「忠告、助言、評価、判断（忠・助・評・判）」をしてはいけない。それらは、話の内容を表面的に捉え、相手の立場をたいして考えずに勝手なコメントをしているにすぎないのだ。状況の奥にある核心に思いが至らないただのコメントは、相手の心をさらに深く傷つけることになるだろう。

ところが残念なことに、私たちの日常の言葉の大部分が、「忠助評判」なのである。

「そのような考えは捨てろ。あなたにとっていいことはひとつもない」（忠告と助言）
「そうなれるよう、あなたはもっと熱心に学ぶ姿勢を見せるべきだ」（忠告と助言）
「そのことを、もっと肯定的に捉えるべきだ」（忠告と助言）

「それは、あなたのことを愛するがゆえの発言だと思う」（評価と判断）
「あなたがあんまり敏感すぎるから、そういうふうに考えてしまうのではないか」（評価と判断）
「男なんてみんな似たようなものよ、特別な人なんてどこにもいない」（忠助評判）

悩みの大小にかぎらず、また、相談相手が誰であれ、たとえそれが専門のカウンセラーであっても、ほとんどの人のやっていることが、こうした「忠助評判」である。すがるような思いで友だちに悩みを打ち明けても、評判の本に目を通しても、出てくるのは「忠助評判」ばかり。それが役立つと思っているわけでも、実はない。他に言えることがないから、そうしているだけである。

誰かの苦痛と向き合った時、人は言葉を失う。そこで何もしないよりはましという理由から、「忠助評判」の言葉でも投げてみようかとなるのだ。これでは心の傷が、かえって悪化するだけだろう。

解決の糸口が見つからない時は、事件現場を再度訪ねる捜査官のように、言葉を失った地点に立ち戻ってみよう。解決の手がかりは、かならず現場に落ちているはずだから。崖っぷちに立たされた人に、どのような言葉をかけてあげるべきだろうか。結論からいうと、本当にかけるべき言葉は、実はそれほど多くない。

大切なのは、こちらからの言葉ではなく、傷つき悩んでいる本人が、自分から語る言葉である。そこでこちらがすべきは、その人自身が話しやすい雰囲気をつくり、その人の言葉に深く耳を傾けることだ。急かしたり苛立ったりせず、その人の心が今どんな調子なのか、ゆっくり尋ねるだけで十分である。実際、その人の心の状態がよくわかっていないのだから、そうするのが当然であろう。わからなければ、素直にそういえばいいのだ。

「今、あなたの心はどういう状態？」
「どれくらい苦しいの？」

それらの質問に対し、答えが返ってこなくても、答えを避けているように見えても、心配はいらない。答える内容が重要なのではないからだ。自分の存在に注意を払い、そのような質問をしてくれる人がいることを、その人が認識することこそが、重要だ。自分の苦しさを気にかけてくれる人が存在するという事実を認識すること、それが心を癒す決定的な要因である。言葉ではなく、私の苦しみに共感する存在が大事なのである。

自殺未遂の話を切り出した彼女の話を、改めて振り返ってみよう。私からのどのような反応が、彼女の救いにつながったのだろうか。彼女が言葉を切り出すのをためらい、そこに生まれたほんのわずかな沈黙、グラスを握る彼女の手が震えた刹那、流暢に話していた彼女が突然どもり出した瞬間、そのいずれにおいても、私は言葉を挟んだり、話題を逸らしたりしなかった。そして、彼女から片時も目を離さなかった。

彼女が気まずそうにしたり、どもったりする様子は、滑らかな機械音ばかり流れ出て来るスピーカーから、ようやく漏れ出た彼女の肉声だった。それは私にとっても、嬉しく貴重な経験だった。私の沈黙が意味する、「本当の彼女」に意識を集中させてそれを尊重しようとする気持ちに、彼女も気づいていた。生き続けたいという本能は、自分の存在がありのまま受け容れられた瞬間を決して見逃さないのだ。

ときおり質問を投げかける以外、私から何かを話そうとはしなかった。もし話しかけていたら、彼女の沈黙や、手の震え、吃音《きつおん》などの大切な信号を見落としていたことだろう。それらは時に、どんな具体的な言葉よりも強いメッセージとなる。一方、私も、視線や息遣いといった言葉以外の反応を示すことで、彼女の心と寄り添った。それは、重すぎて相手に負担を感じさせたり、相手を押しつぶしたりするようなものではないが、安定感を覚えるくらいには、ほどよい重さだ。私の非言語的なメッセージが、彼女を包み込む温かな布団の役割を果たしたわけである。もちろんこれらは、専門家でなくとも実践できる方法だ。

「私」の苦しみと向き合い、その声に静かに耳を傾けてくれる人であれば、誰でも構わないはずである。その人が何者であるかは、重要ではない。苦しみに心から寄り添ってくれる人であれば、誰でも重要な存在である。そういう人がたったひとりいるだけで、人は救われ、生きられるのだ。

誰でも「唯一かけがえのない人」になれる

それくらいのことはできるけど、その人が自分に依存したりしないかと心配になるかもしれない。気持ちはわかるが、心配は無用だ。あなたが感じていることは、ほかならぬその相手、心の悩みを抱えている当事者が最も懸念していることなのだ。その人にとって、あなたはこの世界で唯一かけがえのない存在である。そういう存在に、負担をかけて嫌われてしまったらと思うと、いてもたってもいられないだろう。そこで、その人は、あなたに最大限の気配りをする可能性がある。その人にとってそれは、生きていくために必要なことである。自分にとって大切な人を守ってこそ、自分も生きられるということを、人間は本能的に知っている。

　地獄の沙汰のような世の中で、社会や他者との関係に挫折した人も、「唯一かけがえのない人」と出会うことができれば、そのひとりを通して社会と人間というものに対する信頼を取り戻せるだろう。たったひとりの存在が、社会全体との関係をすべてよくするなどというと割り切れない感じがするかもしれない。しかし、心の領域とは、論理学や数学とちがって、理屈では割り切れないものなのだ。

　ひとりの力がそれほど強力なのは、人は誰でも、それぞれがひとつの宇宙のごとき存在だからだと私は考えている。うまく言葉では説明できないが、心の世界とは、そういうものなのだ。人間は、一人ひとりが、絶対的な存在である。その人にとって、自分自身が世界のすべてなのだ。ひとりの人間であり、ひとつの世界でもある私たちは、それゆえに、誰もが互いに「唯一かけがえのない人」になれる、大切な存在なのである。

「私」という存在についての物語、自分という存在自体についての物語に火をくべれば、薄れていた生命から、どんどんどんどんと拍動する音が蘇ってくる。「私」という存在の胸の真ん中に両手を当ててあげられる人は、たとえ本人が意図しなくても、心理的CPRに長じた救命士、すなわち「唯一かけがえのない人」なのだ。「私」という存在に触れることができた時、人と人とは互いにつながる。存在と存在のつながりは、生命に息吹を与える。

心理的ＣＰＲとは、「私」という存在が位置するまさにそこを正確に探り当て、渇いた心に「共感」の雨を降り注ぐことである。人を救う力の根源は、「正確な共感」なのである。

「本当の自分」とは、
すなわち私の感情。
本当の自分の中にある
感情や考えを表に出すたびに、
否定されたり無視されたり
してきた人の人生は、
バッテリーが三パーセントしか残っていない
電池切れ直前の携帯電話と同じである。

＊

心理的CPRは、
「自分」の周りを覆う虚飾を取り去り、
「本当の自分」「私という存在」を
刺激する心の蘇生法である。
私の感情や私の気持ちは、
「私という存在」の核が位置するところ。
「私」の判断は、感情や気持ちに
基づいている時にのみ正しい。
だから、心理的CPRが必要かどうかの判断も、
感情に任せるべきである。

第3章

共感——心を動かす力

1　人を生かす「共感力」

私はいろんな肩書で呼ばれるが、その中でも最も気に入っているのは「治癒者」という呼び名である。面映ゆい気もするが、実際そう呼ぶしかないだろう。「治癒者」としての私がそなえる最大の武器は、「共感」である。

共感には、とても大きな力がある。石のようにびくともしなかった人の心を、動かすことができるのだ。人命にかかわる差し迫った状況にも有効だ。心を治癒する方法としては、共感がすべてとさえ私は思っている。傷ついた心を持つたくさんの人たちとの間に培った経験から、私が得た結論である。

共感こそがすべて。これは、「人は必ず死ぬ」という命題と同じくらいに真実である。私は、それほど共感というものに強い信頼を寄せている。

共感に対する誤解と偏見は、数えきれない。時間をかければ、共感の効果を実感できるかもしれないが、毎日忙しくて時間に余裕のない現代人にとって、共感のような一対一のアナログな意思疎通なんてまどろっこしい。それよりもっと効果的な手段があるのではないだろうか。そんなふうに焦《じ》れてしまう人もいるかもしれない。

結論をいうと、人の心を動かす力、傷ついた心を治癒する力のうち、最も強くて効率がいいのが「共感」なのである。共感は、何十年にもわたって巨額の費用を投入し、最先端医学、薬学、脳科学、生理学、遺伝学、生物学などの粋を集めて開発された、いかなる抗うつ剤よりも優れた特効薬である。しかも、実際の薬物とちがって副作用がない。圧倒的な効果があるのに副作用がないのだから、薬物と比較することすら馬鹿げている。

たとえるなら、抗うつ剤などの薬物は、喉の激しい渇きのために苦しんでいる人がいる町の入り口で、散水車から水を散布するイメージだ。一方で、共感は、同じ状況で喉が渇いた人に近づき、木の葉が浮いたコップ一杯の水を直接渡すイメージとでもいえばいいだろうか。

共感力を身につければ、生きることが楽になる。人間関係における無駄なエネルギーの消耗を大幅に防ぐことができるからだ。

誰かに共感しているうちに本当の自分と出会う

共感に対する誤解のひとつに、誰かが話している時は途中でそれをさえぎらず、ひたすら頷きながら肯定してあげること、というのがある。

見当ちがいもはなはだしい。そんなものは共感ではなく、ただの感情労働にすぎない。話を聞く側も、くたびれてしまう。耐え忍んだ結果、堪忍袋の緒が切れて爆発するか、爆発しなかったとしても苛立ちがおさまらず、二度とその人と会う気が起きなくなってしまうだろう。聞いてもらった側だって、一方的に自分の感情をぶちまけた印象だけが残り、あとで気まずい思いをするのが関の山だ。いずれにせよ、ともに不愉快な記憶だけが残ることになる。

私がもっと共感してあげられたら、よかったのだろうか。私がその人の境遇や苦しみに正しく共感してあげることができなかったから、不満を募らせたのだろうか。そんなふうにあとで後悔しないように我慢をしても、すぐに限界がくる。人間は、どんな感情労働にも表情ひとつ変えないＡＩとはちがう。相手のために耐え続けた挙げ句、自分が先に倒れてしまっては意味がない。

ある職場に、Aという男性がいた。彼には、自分の話をすることを極端に嫌う二〇年来の友人がいる。その友人は、幼い時から苦労のし通しだった。きょうだいとの折り合いも悪く、今でも顔を合わせるのを互いに避けるほどだという。Aはその事実を知っていたが、友人はどんなに胃腸の調子を悪くしても、円形脱毛症になっても、ひとりで悩んでいるばかりで、誰にもそのことを言わなかった。頼れるものは酒だけという気の毒な友人を見かねたAは、自分は下戸であるにもかかわらず彼を飲みに誘ったり、週末に映画に誘ったりした。けれども、Aがどんなに意を尽くしても友人は胸の内を明かそうとしない。そんな彼をAは恨めしいとさえ思ったが、その都度じっと我慢した。

そしてその日もAが酒の席で友人の悩みを聞き出そうとしたが、いつもとちがったのは、友人が突如として癇癪《かんしゃく》を起こしたことだ。彼は「酒を飲んだくらいで解決する悩みだったら、とっくに話しているさ！」と声を荒らげた。それを聞いたAはカッとなり、席を蹴って家に帰ってしまった。自ら境遇を変えようとせず、耐えるしか能のない友人を情けなく思い、また、人の誠意を無下にすることにも腹が立った。

この話を聞いた私は、Aに対し、「あなたのお友だちに対する誠実な思いが伝わってきます」と言った。すると、彼は「こうしている間にも、彼が死んでしまうのではないかと思うと、居ても立ってもいられなくて、つい、しつこくしたり、強い言葉を投げたりしてしまったのです」と言って、涙ぐんだ。

私のちょっとした言葉にAが胸を詰まらせて、心の内をさらけ出したのは、べつに私が魔法をかけたためではない。私はただ、Aの話にじっと耳を傾け、それから彼の気持ちを推し量る言葉を、私が思った通りに口にしただけだ。しかし、それによって彼が私に心を開いたことはまちがいない。そしてAは、続けて自分自身のことを打ち明け始めた。

Aもまた、かつて、とても苦しい生活を強いられていたという。自分の実家と妻の実家の両方の面倒を見なければならない立場にあり、それが自分の宿命なのだと考えていた。だが、重すぎる負担に耐え切れず、とうとう数年前のある日、家族の誰にも行き先を告げず姿をくらました。誰も足を踏み入れないような僻地で二か月間過ごした後、家に戻ったが、もう以前の彼と同じではなかった。「今までと同じ生き方はしない」と心に決めると、以後、自分が負担に思うことは誰からの頼みであってもきっぱりと断り、気ままな生活を送っている。そのほうが、自分はもちろんのこと、周りの人たちにとってもずっとましな生き方だと思ったからだ。あの二か月がなければ、今ごろ自分は死んでいたにちがいない。それが、彼自身の経験したことだ。

彼は、平静を装いながら自分をガチガチに押さえ込んでいる友人を見ると、彼が死んでしまうのではないかと不安を口にした。友人に、数年前の自分の姿を重ね合わせて考えてしまうのだ。彼にもしものことがあったら、それが予測できたのに助けられなかった、という罪悪感で苦しむだろうとも語った。Aが話し始めた友人についての話は、いつしか彼自身の過去の話へと変わっていった。梅雨時の雨で水かさを増した谷川のように、彼の話は尽きることがなかった。

自分への共感がうまくいってこそ他者に共感することができる

彼は、友人の話をしながら、その苦しみに共感しようと努力するうちに、自分自身と向き合うことになったのだ。彼は、かつての苦しかった自分に共感して涙を流し、気持ちが軽くなったようだった。それ以降、彼はその友人と会っても焦燥感にかられることはなく、腹が立つことも少なくなったという。友人には彼なりに生きるペースがあるのだろう、と受け入れることができるようになった。友人は自分の真心をわかってくれているはずなので、心の整理がついたらいつか打ち明けてくれるだろうと鷹揚に構えることができるようになった。友人に同情する気持ちと、かつての自分を不憫に思う気持ちとの区別がつかず、混乱をきたしていたかつての自分はもういない。

共感とは、相手に共感する過程で自分の深い感情も一緒に刺激されるものである。相手に共感しているうちに、いつの間にか過去の自分の傷とも向き合うのだ。こういう場合、相手に共感するよりも先に、自分の傷のほうへ集中すべきである。自分の心の声に優しく耳を傾けてあげるべきである。

常に自分を見失ってはいけない。いかなる時でも、自分が最優先である。逆にそれが、他者への共感においても成功の鍵になる。共感することは、救急診察室の当直医のように、義務的に行うべきものではない。心の傷を手当てするのに、そうすべき理由はひとつもない。義務になってしまったら、自分が先に倒れてしまうだろう。

誰かに共感することよりもさらに難しいのが、「私」に集中し自分に共感することである。大概はここでつまずき、倒れ、正しく共感できなくなり、他者への共感もうまくいかなくなる。相手に集中しようとするあまり、自分の感情を抑え込み、自分を見つめることをせず、感情労働に苦しめられ、結局は何もかもうまくいかなくなるのである。

共感は、自分を犠牲にして誰かを支えることではない。そのような方法では相手を最後までそばで支えることなど不可能である。やがてふたりとも、底なしの沼に沈み込んでしまうだろう。共感は、自分を大切にできて、初めてなんの抑圧もなしに実現するものなのだ。誰かに共感するというのは、初めは自分の心まで重く複雑になっていたものが、やがてはふたりとも身も心も軽くなり、自由になることである。

誰かに共感しているうちに、自分の傷が予想外にさらけ出されて痛い時もあるが、それは同時に自分自身も共感してもらい、傷を治癒する絶好の機会だ。それは、共感する人がもらえる、特別なプレゼントになるだろう。

2　共感は、生まれつきのものではなく、学ぶもの

偶然出会った後輩が私に質問した。この一週間、職場の同僚がぼうっと座ってばかりで、背後から上司に呼ばれても耳に入らないのか、なんの返事もしないという。さらに上司からの指示を聞きちがえる始末で、状況は悪化するばかり。「これは一体どういうことなんでしょう。ストレスが原因でしょうか？」

私は、次のように答えた。「その話だけでは私にもわからない。一度、同僚に声をかけてみて。〝どうしたの、何か大変なことでもあったの？〟という感じでね」

後輩は、戸惑いの笑みを浮かべた。内心、失望していたのかもしれない。「腕のいい精神科医と聞いていたのに、アドバイスはそれだけ？」と。

八〇歳の老母のお供で内科を訪れた中年の息子がいた。そこの内科医は、「どこが悪

いんですか？　お腹の調子はいかがです？　よく眠れますか？」と、次々に質問を始めた。けれども、ある時から老母は返事をしなくなった。息子が「返事をしないと、お医者さんが正しく診断できませんよ」とせっつくと、母はうんざりした調子でこう答えた。「患者に具合を尋ねないと、どこが悪いのかわからないなんて、本当に医者なのかい？本物の医者なら、ちらっと見ただけでどこが悪いかわかるはずだよ」。幸いなことに精神科医は、患者からそのような期待と偏見に晒されることはほとんどない。

精神科医は、人をちらっと見ただけですべてを言い当ててしまう占い師ではない。すぐさま専門的な解釈と判断ができるような人でもない。ごく簡単なことならそういうこともあり得るが、大部分はそうでない。当事者に詳細に尋ねて、初めて正確に把握することができる。

「ほんの少し話をするだけで、心の奥まで見透かしてしまうのが腕のいい精神科医では？」と考える人もいるだろう。しかし、それはちがう。そのような人がいたら、それはかえって実力のない医者の可能性がある。注意深く尋ねることなく、細かく調べもせずに誰かの心を決めつけるのは、未熟な巫女にも似た振る舞いだ。表面に現れるいくつかの現象だけでひとりの存在を解釈し判断し、規定するなら、それは先入観や偏見に基づいて断定することにほかならない。

情緒的共感 vs 認知的共感

理解するとは詳細に知ることだ。相手のことを詳細に知って、初めて理解が生まれ、そこから共感が始まる。相手をちらっと見ただけで、どっと涙をあふれさせるのが共感の本質なのではない。そんなものは、ヒザの反射と同じで、ただの反応にすぎない。他者の苦しみに対する深い理解にはつながっていかないものだ。

感覚的な反応が、共感なのではない。ひとりの存在が他の存在の置かれた状況と、そこから生じた痛みについて知っていく過程を経て、その「存在自体」に対する総合的な感情と思慮深く理解することのバランス。それが共感である。共感は、生まれつきの感覚や能力ではない。それは、学習を通じて身につけるべきものだ。

共感を「情緒的共感」と「認知的共感」に分けるなら、二：八程度の比率で、後者の獲得に力を注ぐことが必須であると私は考えている。

共感する能力が生まれつきものだという思い込みは根強い。誰かの傷や苦しみに直面した時、すぐさま感情移入ができて、涙ぐむ人が共感力にすぐれた人、そうでない人は共感力の足りない冷徹な人間、努力を要する共感は偽物で、共感は人に教えることができない云々。多くの人は共感を、つかみどころのない原初的なパワーか何かだと思っている。本当にそうなのか。

情緒的共感は、他者の苦痛に対する高い感受性と結びつく成熟した共感力を意味する。情緒的で軽はずみな振る舞いとは区別すべきである。苦しみを見て涙をぽたぽた流すからといって、情緒的共感力が高いとは言えない。子どもを失った友人と久しぶりに会った時、その場で「思ったより表情が明るいね。もう大丈夫なようだね」などと声をかけることが、時には当事者への二次加害を生みかねないことを知らなければ、正しい共感はできない。子を失った親は自分が、「子どもを失っているのに平気で暮らしている冷たい親」と思われたらどうしようという恐怖を感じるのが普通だからだ。

このように悪意がなくても、他者を傷つける危険はいくらでもある。だから、正しく共感するためには、学ばなければならない。さもないと、#MeToo（ミートゥー）運動を支持すると言いながら、自分も知らずに被害者に対して二次加害を行うなどということになりかねない。学んで初めて知る苦痛、学んで共感できる苦痛が、世の中にはたくさんある。それを学ぶことで、少なくとも、そのような痛手を受ける人を、意図せず傷つけることはしなくなる。

共感とは、優しい視線で人の心を隅々まで見通すことができた時に相手に届く、ひとつの状態である。その人の内面にあるものを一つひとつ根気よく観察した結果、その心の全体像を見渡すことで到達する深い理解の段階が共感である。その人の状況を詳細に知れば知るほど、相手への理解は深まり、それに比例して共感は深まる。共感が、生まれつきの能力ではないというのは、そういうことだ。

細やかな心遣いで尋ね、その人の後ろについて一緒に歩く

チャンミンさんは離島の村出身の四〇代男性。八歳の時に父親が病気で世を去り、その後は母親が四人の子どもたちを育てた。幼いころからひ弱だった彼は、中学一年生の時に始めた腎臓の透析を現在も続けている。年に一、二回は入院をしていたので、学業にも就職にも大変苦労したが、そうした中でも彼は、読書サークルや患者会活動に一生懸命取り組んだ。社会的抗議運動やボランティア活動にも積極的に参加しながら、よりよく生きるために、最善を尽くしてきた。

私は、彼の前向きな生き方について聞く中で、透析を受け始めた時に誰と病院に通っていたのか、どの病院に通っていたのかと質問した。母親は一日も休めない状況だったので、中学一年生だった彼はひとりで船に乗って都市部に出かけ、そこからさらに一時間ほどかけて病院に行き、透析をしてもらい、再びひとりで戻ったと話してくれた。

「まだ幼かったというのに、ひとりで頑張ったのですね」

私は心から同情し、さらに次のように言った。

「透析を受けるため病院に行く日、家を出て再び戻ってくる時までの間、一四歳のチャンミンくんの足取りをたどるように、ゆっくりと一日の出来事を思い出してください。まず、チャンミンくんは何時に起きましたか？」

朝四時にひとりで起きて服を着て、都市部へ向かう船に乗るため出かけていく中学一年生のチャンミンくん。私も彼の後ろをついていくようなつもりで、彼の話に耳を傾けた。一四歳の少年は、毎週二回、前日に母親が用意した交通費と病院で支払うお金を持って、真っ暗闇のなか家から出て、船とバスを乗り継ぎ、ひとりで病院に向かった。ひとりで受付を行い、ひとりで透析を受け、再びひとりでバスに二回、船に一回乗って島の家まで帰って来ると、すでに夜だった。

中年になったチャンミンさんと一緒に、幼いチャンミンくんの後をついて回った私は、彼の心中を思って胸が痛んだ。

淡々と落ち着いて話していた彼に対し、私は尋ねた。

「一四歳のチャンミンくんと一緒に歩いてみて、どんな感じがしましたか?」

「その時は気づかなかったんですが、けっこう緊張していたようですね。ひとりですべてを済まさなければならなかったのですから。当時を思い返すと、寂しかったように思われますね」

私と一緒に、幼かった彼の後をついて回った彼は、その時の自分の寂しさに気づいたのか、突然涙を流し、幼い自分を慰める気持ちになったようだ。そして、最後は、幼い自分を心の底から褒めた。

誰かが自分で自分の胸の内を覗く必要がある時は、その人の状況を自ら隈なく観察できるように促してあげるとよい。そうやって自分の置かれた状況が理解できるようになると、それにふさわしい感情と共感が自ずと生まれるのだ。自らの過去について語る人は、その過程を通じて、自分を大切に感じてくれている人の存在を確認することにもなる。その人がその時、どんな状況だったかについて、ゆっくりと詳細に尋ねてあげる行為は、その人の中にある「本当の自分」に注意を払うことであり、それ自体が共感へとつながっていく。

「幼いころから透析を受けていた」という話を口にした時、これまでは誰からも「大変だったんだね」という反応以外なかったと彼は言う。その状況に対して詳細に聞かれることなど、なかったのであろう。詳しく知りもしないのに、判で押したように口を突く「大変だったんだね」という言葉は、人の心にまるで響かないはずである。それは共感的な言葉ではあるが、共感してもらったという印象を相手に与えることはない。

したがって私たちは、その人の気持ちをよく知らなければ、まず注意深く尋ねなければいけない。共感は、私は何も知らないという認識から始まるのである。正しく知り、理解することができるまでは、慎重に尋ねていく。そこに初めて、共感が生まれるのだ。このように共感するという行為は、一つひとつ丁寧に段階を踏んで、相手の心にたどり着くことが求められるのである。

だが、こんな心配をする人もいるだろう。質問が的を外していたら、相手の心をもっと傷つけることになりはしないか、と。そのような時、誰でも使える有効なフレーズがある。

「私はよくわかっていないのかもしれないけれど……」

「私はまだ詳しく知らないので、あなたを正しく理解するために聞くのだけれど……」

こういう前置きをすることで、自分はあなたの心を尊重し、理解したいのだということが相手にも伝わる。そうすれば、たとえ一時的に不適切な質問をしてしまったとしても、後で大きな問題になることはないはずだ。

傷を悪化させる質問というものがあるわけではない。ただし、相手の受け止め方に気をつけるべきである。相手に投げた私の質問が、相手からすれば、自分について全く知らない状態であるのだとか、自分に対して誤解をしているにちがいないとか、あるいは自分を非難する意図を持っているのではないかと感じられた時とかに、人は傷を受けるからだ。そうした事態を避けるために、そのような意図をまったく持っていない、という私の立場を先に知らせてから質問を始めるのだ。

優しく、くっきりと映し出す鏡

北ヨーロッパのある国に、肥満治療で成果をあげている施設がある。食事療法、運動療法、薬物治療、手術などはいっさい行っていない。この施設では、肥満状態にあるクライアントがやって来ると、まず、その人の裸体写真を撮影する。治療の成果を目立たせようとする目的で治療前の状態を記録する、みすぼらしい写真ではない。作家が芸術的に撮るヌード写真なのである。その写真はプリントされ、顧客は自宅の目立つ場所に貼って暮らすようにとの指示を受ける。

興味深いことに、これだけでクライアントは自ら食事量を減らしたり、運動をしたりするという。つまりそれだけのことで、減量に成功するのだ。ヌード写真を数か月に一回撮り、毎日それを眺めて暮らす。このような方法だけで減量し、その体重を維持できるだなんて、ちょっと信じがたいと思われるだろう。

私たちがダイエットに失敗するのは、食事療法や運動療法を知らないからではない。知っていても、真面目に実践し続けるのが難しいからである。それをこのセンターは、自分の体を継続して見るように仕向けることで、みごとに目標を到達させたのだ。自分の体を「嫌な思いをせずに、芸術的に美しく、しかしはっきりと」意識させ続け、自ら肥満を解決に導かせたのである。

共感の原理も、実はこれと一緒だ。質問を通して、相手の状況とそれについての心理状態が鏡のようにくっきり映し出された時、共感のプロセスはそこから始まる。相手から共感されていることを実感した人は心を開き、自分の記憶や自分に対する感覚を、自然と口にするようになる。

隅々まで映してくれる鏡のように、現状を映し出すヌード写真のように、「嫌な思いをさせずに、優しく、しかし具体的な」質問を投げるかけることのできる人が、すぐれた共感の誘発者である。詳細に知ってこそ理解が生まれ、理解してこそ共感が生まれる。共感は、生まれつきのものではなく、学びの中で身につく習慣なのだ。

3 世の中の事柄から自分自身へと焦点を合わせて

共感の対象1

歴史に関心の高い四〇代の弁護士がいた。個人的な会合はもちろん、ＳＮＳでも歴史について語るのが好きな人だ。しかし、それが激しい論争に発展する時もあるという。知人たちが集まった気軽な場で、彼が韓国近現代史の難問を持ち出した時であった。以前何度も話したその問題を、再度彼が持ち出してきたので、居合わせた人たちは困惑した。その表情はまるで、ワインについて幅広い見識を持つ人たちが、ワインについて長々としゃべるのを聞かされた時のような表情だった。私は彼に質問した。

私「私は、歴史にはあまり関心がないのですが、あなたがなぜそれほどまでに歴史に関心を持つのかについては興味があります。どうしてそれほど惹かれるのですか？」

彼「自分のルーツ（根）を知りたいからです。歴史とは、今の私とすべてつながっているのですから。歴史は、私の先祖、私の生活にもすべて直結しているのです。私の祖父は、母国が日本に占領されていた時代に独立運動を推進した人で、私の父は、朝鮮戦争やベトナム戦争に従軍した人であり……」

私「お父さんが軍人だったのですね」

彼「私は、ベトナムで戦う父親の顔を、ほとんど見ずに過ごしました。私の母には子どもっぽいところがあったので、私は早くから母親の面倒を見なければなりませんでした。私の上には兄が三人いたのですが、すべて大都市に出て学校に通っていたので、私が中学生のころには実家を離れています。だから私ひとり、母親を支えながら暮らしたのです。認知症で亡くなった父親も最期まで私がひとりで面倒を見ました」

私「（彼が歴史の話で最初に口にした「ルーツ（根）」という言葉には、彼にとって特別な意味があるのだなと思いながら）へぇ、〝根のない人〟のようにたったひとりで？」

彼「はい。頼れるところはどこにもありませんでした。理論武装すれば、それが私を助けてくれるかと思い、大学時代にはマルクス主義にも心酔しましたが、なんだかピンときませんでした」

私「そうだったんですね。あなたにとって、ルーツとはどういうイメージなのですか？」

彼「頼ることができ、自分を休ませてくれて、穏やかになれるもの、でしょうか」

ここで彼は、少し涙ぐんだ。

私「（穏やかな表情で）そうだったんですね」

彼「（黙ってゆっくりと涙を拭きながら）私は今、なぜこれほどまでに歴史にはまるのか、初めて考える機会を得ました。歴史は大切な知識で、当然関心を持つべきものと思っていましたが、それだけではなかったのですね。自分の拠り所が欲しかったのかもしれません。きっと私は、すごく寂しかったんだと思います。今後は、歴史について論争めいたことはしないつもりです。みんなからすっかり嫌われてしまいましたから（笑）」

彼の話を聞いていた他の人たちも笑っていた。その日、彼の胸の内を聞くことができなかったら、その席にいた人々は退屈な彼の歴史話を今後も聞かされたことであろう。やがて彼は、偉そうな顔をした、説教くさい年寄りとして、周囲から煙たがられたにちがいない。歴史ではなく、彼の胸の内についてじっくり聞くことができたのは、我々にとっても幸いだったが、それ以上に幸いなのは、彼が本来の自分を取り戻せたことだ。今後、彼が語る歴史話は、もうかつてのそれとはちがったものになるはずである。

「存在自体」にたどり着くまで寄り添い続ける

共感とは、相手の話を、ただ忍耐強く聞いてやるということではなく、「正確」に聞くことだ。正確という言葉には、対話の的が確かに存在するということが示唆されている。共感には、的があるのだ。的から離れた対話は、支離滅裂になるだけである。

知人たちとの会合で、場ちがいな歴史の話を始めた男性に対し、私は初めから「歴史に興味はないけれど、あなたには興味がある」というふうに、質問の最終目標を明確にしていた。的を定めて質問を開始したのだ。歴史が重要なものであるのかどうか、ここが今そのような話を行う場なのかどうか、彼の歴史話に意味があるのかどうかという論争は、私の関心の外にあった。私が聞きたいことは明確だった。私は、歴史に関心があるのではなく、歴史に関心の多い「あなた」が気になる、と。すなわち「彼自身」へと関心を向けていたのだ。共感的対話の的はいつも「存在自体」であるからだ。

ところが、私たちが普段の生活の中で用いる言葉は、現実的、実用的、論理的、戦略的、効率的であろうとする。そのような言葉で意思疎通をしていた人が突然、「存在自体」に焦点を合わせ始めると、高速道路を走っていた車が急に砂利道に差しかかったような状況に陥る。高速道路を運転する仕方や速度で、砂利道を走ろうとしてもうまくいかない。そこでまず大切なのは、ここは砂利道（「存在自体」について話をする場）であるということを、相手に認識させることである。

その場における対話の中心は、歴史でもなく、ましてや弁護士としての彼の見識を問うことでもなかった。そうである必要はなく、そうすべき関係でもない人々の会合だったからだ。対話の中心は、それぞれの「存在自体」「本当の私」でいいのだ。

友だちに殴られて家に帰ってきた子どもに親がすべきは、「誰があなたをぶったの？」と聞きながら、子どもの手をしっかりと握り、心が落ち着くか問題が解決するまで手を離さないでやることだ。共感もそうである。方向を見失った相手が的を探り当てるまで手を握り続け、絶対に離してはいけない。相手が「存在自体」「本当の私」に行き着くまで、その話をするように仕向け、少しでも糸口をつかめたと思ったら、そこを目がけて真っすぐに話を進めていくことだ。

論争と説得で人の心は動かない

的を絞らず、ただ流れのままに話すだけでは、いくら時間を費やしても相手は共感してもらったと感じない。どんなにこちらが努力しても、ありがた迷惑と思われるだけだろう。「存在自体」に焦点を合わせない対話は、ただのおしゃべりや論争、悪口で終わることが多い。あとに残るのは虚しさだ。

論争にも意味はあると考える人はいるかもしれない。熾烈な論争の果てに正しいと認められたこと、うなずく点があるならば、それがひとつの成果ではないかと。公的な問題をめぐる論争では、十分にそれはあり得る。

しかし、人の心や人間関係をめぐる話、傷ついた心の話など、個人の感情や情緒が介入した話では、かならずしもそうではない。そうした領域で、論争や説得が力を発揮することはない。最初からそんな力は備わっていないのだ。論争を通して自分の考えや観点、自分の立場を明確にすることはできるが、そこまでである。

感情と情緒が介入したテーマでは、論争で相手の心を動かし説得して、こちらの観点や意見を受け入れてもらうのは難しい。ロジックが異なるのだ。砂利道を高速道路のように走ろうとしても、うまくいかないように、討論や論争で人の心に分け入っても、かえって心を閉ざされてしまうだろう。

子どもたちに共感の大切さを熱心に説いている小学校の教師のもとに、ある児童の保護者が訪ねてきた。その保護者は、「率直に申し上げるなら、私はうちの子に共感力を高めてほしいなどと思っておりません。なぜなら、それでは競争社会を生き抜いていけなくなるので」と話していたそうだ。その教師は、私に質問した。

「その時は、焦ってしまってうまく答えることができませんでした。私はどのように説明すればよかったのでしょうか?」

その親が話している共感と、今私たちが話している共感とでは、明らかに意味がちがう。だから、その教師は、親の見解に対してあれこれ答える必要はなかったと思う。むしろ私が気になったのは。その教師の質問そのものだ。彼の質問には、ある前提が隠されている。その前提とは、「その時、共感と共感教育について保護者にきちんと説明できていたら、説得できただろう」ということである。共感に関して、言葉とロジックで説明し、その有用性を納得してもらえるにちがいないとする考え方である。しかし、果たしてそうだろうか。私がその場にいたなら、その教師よりも豊かな論理とボキャブラリーとで、保護者が共感教育を受け入れてくれるようにすることができただろうか。たぶん、そうはならないだろう。人の心は、そう単純ではない。

もしその時、共感についてより説得力のある説明をしていたなら、その保護者は表面的には「そうですか。わかりました、先生」と言いながらも、心の奥では「自分だけが賢いと思っているんじゃないの。偉そうに！」と毒づきながら、その場をあとにしたことだろう。

実際の私は、その保護者に対して、次のように言うだろう。

「そう考えるようになった、何か深い事情がおありのようですね」

これは、保護者の経験について問う言葉である。したがって、共感自体を主題にした話ではない。共感についての私の見解や主張とも、直接は関係のない話である。私は、関心の焦点を子どもの保護者自身に合わせた。共感について「あなた」がそう思うには、それなりの理由があるにちがいないと感じ、「あなた」そのものに注目したのだ。そうすれば、私はあなたの言葉に耳を傾けて受け入れる準備があり、それについて関心があるということを示すことになり、私とまったくちがう考えを持っているかが問題とはならない。

「自分の存在」に他者からの視線が集まると、その瞬間人はハッとなる。たとえば、先述の保護者の場合、共感についてそのように考えるようになった実際のきっかけをすぐには思い出さないまでも、帰宅の途上でその質問を気にはするかもしれない。その時すでに、自分自身を振り返り始めているのである。「たしかに、なぜ私はそのように考えるようになったのだろう。いつからそのような考えを持つようになったのだろうか」。そんなふうに考えるのではないだろうか。

「自分の存在」に焦点を合わせた他者からの質問や視線は、私の内面の深いところを少しずつ揺り動かす。省察を促す。心を開かせる。これが、的を正確に射抜いた共感的対話の持つ力である。

自分の心をどう表現していいかわからない時

心の中や人間関係の話をどんなにしても、「私という存在自体」「私の心」に触れてこないものは不発に終わる。私の心を離れた私の知識、私の権威、私の信念、私の主張をどんなに展開しても、それが激しいものであればあるほどに、虚しさや寂しさが膨らむばかりだ。そんな話を誰かと長々しても、疎外感を覚えるだけだろう。

先ほどの四〇代の弁護士の話で、もういちど考えてみよう。歴史の話という表向きの主題を脇に置いたら、彼は自然と祖父の話、軍人だった父親の話など、「私」をめぐる家族の話をし始めた。共感の対象が、はっきりと見えてきたのだ。そのようにして浮き彫りになった「自分」「存在」「存在性」に焦点を合わせることが共感である。表面的な言葉に我慢して耳を傾けるのは、感情労働にすぎない。共感すべき事柄がまだ表れていないうちから、さも共感しているかのように相槌を打ち続けるのは、無意味な作業だ。見えない敵に向かって、悲壮な表情で刀を振りまわすようなものだ。

だが、自分の本当の気持ちをどう口にしてよいか、わからないことも多い。語り始めた内容が迷子になってしまうのは、心のうちを吐き出すことに、ふだんあまり慣れていないからだ。何をどのように話してよいか見当がつかず、結局自分の気持ちを抑えてしまう人もいる。しかし、そういう人にかぎって、いちど気持ちが爆発すると、手がつけられなくなったりするものだ。

語り手ではなく、聞き手が「その人の存在自体」に焦点を合わせるよう仕向けるほうが容易である。聞く側が、相手の話を一般論から「その人の存在自体」へと引き寄せてあげればよいのである。慣れるまでは戸惑うかもしれないが、少しすれば、心に動きが見られるようになる。「ああ、私ってそういう人だったのか」「そんな心の状態だったのか」「だから、いつもそうしていたんだな」などと、自ら気づき始めるだろう。

第1章で述べた、ある右翼団体に籍を置く老人と道端で話す機会をもった時、彼の口を突いて出た「北朝鮮に追従する勢力、朴槿恵大統領が……」という政治的主張を私がさえぎって、「お腹は空いていませんか?」「お国はどちらですか?」などと矢継ぎ早に問いかけたのは、彼という「存在の中心」に焦点を合わせるためであった。「彼」という「存在の中心」にできるだけ早く到達するべく、無駄な論争を後回しにしたのである。社会問題などにつき合っていたら、その老人自身、「自分の存在自体」に思いが至ることはなく、ハムスターの回し車のように同じところをグルグル回り続けただろう。

共感は、考えと感情がより合わさった糸のようにもつれ合って、自分ではどうにもならない心の核心部分にミサイルのような正確さで打ち込まれ、威力を発揮する特効薬である。これよりもっと正確で即効性があり、それでいて副作用のない治療薬を、私はいまだ知らない。

4　賞賛や耳触りのいい言葉とは別物

共感の対象2

一卵性双生児で中学校三年生の娘をもつ母親がいる。娘Aは、優れた成績で、母親の言うことをよく聞く子ども。交友関係も申し分ない。娘Bは、正反対。成績は大変悪く、バイオリンのレッスンや、自分から始めた英語塾をさぼりがち、宿題は自分からやらないし母親の言いつけにもまるで従わない。どうにも手のかかる子どもだ。

彼女は、娘Bにとって自分は悪い母親だと言った。でも、それはBのせいだ。あの子は小さいころから変わっていた。それが私には気に入らなかった。そんなふうに思っていたが、ある日ふと、彼女はこう思った。ひょっとしたら、今のBがあるのは、母親である私の接し方に問題があるのではないか。

娘Bを恨んでばかりいた母親は、自分を省み始めた。ただ、そんな自分を考えていたらつらくなったのか、彼女にとっては誇らしい娘Aのことを思い浮かべてバランスをとろうとした。

「Bに対してはうまくいかなかったけれど、Aのことを誇りに思えるだけでも幸せです。Aから見たら、私はいい母親でした」

私は、娘Bについて彼女が反省したことには賞賛を惜しまないとしながら、同時に痛い言葉もつけ加え、ドキリとさせた。

「あなたは娘Aに対しても、いい母親ではなかったかもしれない」

母親が娘Aを褒めるのは、娘Bとちがって、試験の成績がよかった時や、塾をさぼらなかった時、母親の言葉に従順だった時だ。娘Aは、成績が下がったり、母親の期待に添わなかったりしたら、母親が娘Bに対するのと同じように自分にも大きく失望するだろうと考え、それを恐れた。「自分の存在自体」で母親から愛され認めてもらったことがないのは、娘Aも娘Bも一緒である。「熱心に勉強し真面目に行動しなかったら、私も母親にとってBのような娘になるかもしれない」という不安は、Aを追い立てていたにちがいない。母親は、そんな娘Aの気持ちまでは、まだ想像することができなかったのだ。私の話を聞き、彼女は非常にショックを受けた。

共感は、甘い言葉の大盤振る舞いでもなければ、賞賛の叩き売りでもない。といって、常に正論でなければならないということもない。共感は、その落としどころが最も重要である。相手の「存在自体」が自然に受け止められる言葉こそが、本当の意味での共感の言葉だ。彼女が娘Aに送った賞賛と承認は、Aの「存在自体」を素直に受け止める言葉とはいえない。Aが母親の望むキャラクターを演じるように仕向けるための、きわめて自分本位な賞賛であり承認であった。

自分にとって都合のいい部分だけを支持したり、励ましたりするような反応は、共感の本質ではない。相手の「存在自体」がどうであるかに注意を払うべきだし、そうでなければ何の意味もない。どんなに多くの有効成分が含まれていても、効き目がなければただの偽薬である。相手に届かない共感を、共感とは呼べないのだ。

では、褒めることに意味はないのか。もちろん、そんなことはない。たとえば、仕事のパートナー同士で、そのことに鈍感だと、人間関係にヒビが入る。仕事を中心につくられた人間関係における業務上の努力や成果への言及は、十分共感の範疇に入るだろう。

炊きたてごはんのような力をくれる賞賛と承認とは

先述の双子の子どもたちの話に、もう一度戻ってみよう。子どもの成績が上がった時に褒めるのは、「存在自体」に対する反応ではなく、彼女が挙げた成果に対する反応だ。したがって、それにはまったく意味がないのか。そんなことはない。子どもの「存在自体」について正しく心を配り、正しく共感してあげればよいのだ。では、どうすれば正しく共感することができるのか。

子どもを褒める時、「こんなに成績が上がったのか。よくやったね」というのは、ただ数値としての成績に焦点を当てた賞賛にすぎない。一方、「こんなに成績が上がったの！　今回あなたは、本当に一生懸命努力したようだね。よく頑張ったね」と言えば、成績というよりも子どもの「存在自体」を褒めたことになる。成績は勝手に上がったのではなく、「子どもの存在自体」がその状況を導き出したというわけだ。表面上の成果や成就そのものについての過度な注目は、うまく成果を挙げられなかったらどうしようという強迫観念につながるが、「存在自体」に気持ちが向かっている場合には、そうはならない。心は安定し、穏やかだ。もちろん、副作用もない。

「存在自体」に注目してもらえず、共感を経験できなかった人は、表面的な成果に対する承認が存在証明のすべてになってしまい、それにこだわることになる。だが、いくら成果を褒められても、それほど大きな満足は得られない。もちろん、それすら無いよりはマシであるが、「存在自体」に共感してもらえず、成果だけを褒められるのは、主食なしでおかずだけ食べるようなもので、いくら食べても心地よくお腹を満たすことはできない。やはりおかずだけでは限界があるのだ。

「存在自体」をごはんと見るのは、食事の基本がおかずよりもまずごはんだからだ。炊き立てのごはんがあれば、醤油だけでも心地よい満腹感が得られる。

共感は、昇進や昇給、学位や賞状のように、その人の表面的な変化に対する承認や賞賛ではなく、それを可能にした「その人自体」、その努力のために費やした時間や心構えについての肯定的な反応でなければならない。そうであった時に、初めて人は、自分の存在が無条件に認められたと感じる。そのような経験を重ねた人は、財産や成果のような表面上のことに振り回されずに生きていくことができる。共感は、倒れた人を引き起こす力となるだけではない。大きな成功などは望まず、心穏やかに過ごしたいと願う堅実な人生の日々の支えともなる。共感の力とは、このように多面的である。

5　感情に集中する

共感の対象3

人間の心の奥底には、無意識的な欲求だけでなく、生きてきた中で経験した傷や、それとつながっている感情、すぐには思い出せない古い記憶といったさまざまなものが、ぎっしりとつまっている。私の日常は煌々《こうこう》と灯りがともされて目に鮮やかだが、その光が心の奥底まで届くことはない。心の奥底は、切れかけた蛍光灯がちらつく半地下のように薄暗いところだ。

しかもそこは、防御壁に囲まれている。壁は別名、防御メカニズムという。それには心の奥底を守る役割もあるが、過度な防御は古傷を化膿させてしまうこともある。したがって、防御メカニズムをうまく働かせるには、心の奥底の保護と同時に、化膿した悪い部分を外に絞り出すことが必要である。このように、一見矛盾したことを行うのに必要なのも、共感である。

心の奥底に入り込むための「ドア」と「ドアノブ」

頭の中で心の奥底に分け入るための地図を描いてみよう。心の中を覗くと、真っ暗で、高く長く、硬い壁に直面することになる。それを手で探ってみると、ドアがある。誰かの話を聞く中で、その人の心の奥底に深く分け入るためには、まずそのドアを探さなければならない。

「存在自体」が心の奥底に入るドアである。壁を手探りするとは、だからこの場合、相手の「存在自体」に注目し集中することと同じだ。

脱獄囚を描いた監獄のシーンでは、硬い壁を越えるためにスプーンで地を掘るような真似をする。穴を穿《うが》つには、気の遠くなるような時間が必要だ。しかし、心の壁は、ドアさえ見つかれば、一気に壁の向こうへと入り込むことができる。心の傷の原型は、壁の向こう、「存在自体」の内側にある。ドアが見つかったら、後はドアノブを探して回せばいい。すると、ドアが開き、やすやすと奥に進むことができる。

ドアが「存在自体」であるならば、ドアノブは存在における「感情や気持ち」を意味する。共感の対象の中心は、人が感じる感情や気持ちである。共感を言い換えれば、心のドアノブを回す力である。

多忙な日々を送っている企業家に、私は次のような質問をした。

「一週間、忙しく動き回っている自分のことを、後ろからちょっと引いて見てください。どのように感じますか？」

「今の私にとっては、そうならざるを得ない状況だということです」

彼は、質問の真意を計りかね、自分の現実的な状況について述べた。

「そうですか。ところが、今の私の質問は、あなたの置かれた状況についてのものではないのです。そのような自分を、もうひとりの自分が見たら、どのような感情を持つだろうか、私はそれが知りたかったのです」

そして、「そうならざるを得ない事情ではなく、あなた自身の感情を教えてください」と、再度尋ねた。彼は少しの間考えてから、話し出した。

「息苦しく感じます。気の毒にも思えます」

そう言った後、彼の話し方はゆっくりになり、言いよどむことも多くなった。私は、そういう彼の変貌ぶりに、彼自身が気づいているかどうかと重ねて質問した。これは、本当の自分を、自分の言葉で語る人の特徴だからだ。自分を取り繕うことをせず、初めてそういう自分について語る時、最初は慣れていないため誰でもそうなるのである。

彼は、安心してゆっくりと言葉を紡いでいった。そのようにして彼は、自分の感情と向き合い、自ら心のドアノブを回し、自分の心の奥底に分け入った。そして、自らの心の奥底にあるストーリーを語り始めた。

ひとりの存在として愛してもらい認められる感情

家の外では拳を振り上げ、あくどいことにも手を染めながら金を稼いできた男性が、夜、帰宅して、子どもの寝ている姿を見るたびに「早くこんなことは終わりにしなきゃ」と苦悩するのは、子ども自身が私という存在を刺激する特別な存在だからである。

子どもは、「お父さん、大好き、お父さんと一緒に遊びたいの。お父さんが一番だよ」

などと、父親という「存在自体」に純粋に反応する存在である。父親の年収がいくらだとか、父親の身長がどれくらいだとかいったことは関係ないのだ。家の外での自分がどうであれ、父親は子どもを通して、無条件に愛され、認めてもらえる存在であることを実感する。そのような感覚は、いかなる徳義よりも、もっと強く彼の存在を刺激する。正しい生き方へと彼を導く。

「存在自体」が刺激されると、人は心を動かす。壁に穴を開けて壊さなくても、ドアを探し、ドアノブを回すだけで、スッと心の奥底に入り込める。存在しているという感覚の上に、正確に降り立った共感は、世の中のいかなる高説や啓蒙よりも、また強力な抗うつ剤よりも速く正確に心の向きを変えていく。

四人一組になって自分の思い出を語り合うグループ療法が、「人生で最も記憶に残る食事」というテーマで行われた時のことだ。ある中年女性が、一〇歳の時の話を始めた。父親と激しく喧嘩した末に母親が家出をして迎えた最初の日曜日の昼食、父親が近所の精肉店に行ってバラ肉を買ってきた。黒いビニール袋に入っているバラ肉を出し、父親とひと言も口を利かず、肉を焼いて食べたその日のお膳を思い浮かべた。そんな彼女のこれまでの人生は、いつも寂しく、危なっかしいものだったという。

他の三人は、彼女の話に耳を傾け、途中にいくつか質問を挟み、そうした彼女の話から自分が感じたことなどについての感想も述べた。忠助評判（忠告・助言・評価・判断）は、絶対禁止だった。「存在自体」と、それについての感覚のみに話を集中させるのだ。そのような方法で、四人が次々と自分の記憶に残る食事の話をした。「存在自体」とそれについての感覚のみに集中し、話し手をありのままに受け入れ共感しながら、分厚い壁の中からドアを探り当て、ドアノブを回す。そうやって、お互いに心の奥底へと分け入っていく。こんな簡単な方法で、驚くほど素晴らしい成果が得られるのだ。

ひとりの人間が、「私はこれまで幸せだと思っていたが、そうではなかったことに気づいた」と告白すれば、別のひとりは「これまで私だけが苦しんでいたと思っていたのに、そうではなかった」と、自分の気づきを口にする。また別のある人は、「これまで家族の中で私だけが被害者だと思っていたけれど、私もまた加害者であるかもしれないと思うようになった」と打ち明けた。横にいたもうひとりは逆に、「私はこれまで加害者だと思っていたのに、実は私のほうこそ被害者だった」と思い直した。

このグループ療法の参加者たちは、お互いの「存在自体」とそれについての感情や感覚を尊重し合いながら、話し、質問し、共感するという経験をした。たったそれだけのことで、なんの解釈も分析もすることなしに、それぞれが自分なりの解答や解決方法を導き出している。

専門家が導くプログラムでもなく、幸福を実感させるのが目的のプログラムでもない。無理に傷を引っ張り出すための誘導も行わない。参加者の誰かが、他の人たちの模範となるような経験を語り、それをみんなで傾聴し学ぶ機会でもない。にもかかわらず、互いに共感し合い、そのことを通じてそれぞれが自分の心の奥底に分け入り、自らの処方箋を的確に見つけ出す。実に驚くべきことだ。

自分の存在やそれについての感覚と向き合い、他者から共感してもらえた人は、特別な指導など行わなくても、自分に必要な悟りへの道を、進んで探すことになる。これが共感の力だ。

共感の対象4

6　傷口から膿を出し、軟膏を塗る

心の傷は、たいてい心の奥のほうに押し込められている。自分の傷をさらけ出したことで、二次的、三次的な被害を受けた過去のつらい経験が、そうさせるのだ。そうした被害は、予測もしなかった自分への誹謗中傷の時もあるし、冷たい無関心の時もある。

じっと傷の痛みに耐える間、人は混沌とした感覚の中を生きる。愛憎、怒り、自責の念、脱力感。自分の感情に振り回されるのが苦しくて、できることならこの時間を終わらせたい、あるいは終わりにしたいという思いがどんどん強くなってくる。

心の傷を誰にも見せず、じっと痛みに耐えながら生きるのが、成熟した大人のあるべき姿。そんな先入観を多くの人が持っている。もちろん、無理に傷を露わにする必要はないが、押さえつけすぎればかならず問題が起こる。突然、もぐらたたきゲームのもぐらのように激しく飛び出してきたり、時間が経つほどにもっと深刻な傷に発展したりすることもあるのだ。そのような場合は、しっかりと傷に向き合い、処置をしなければ、健康な人生を取り戻すことができないかもしれない。

心理的に俯瞰するコツをつかむ

ひとりの男性が、私に次のような質問を投げかけた。

「友人が、幼いころの母親の思い出で最も鮮明なのが、暴力を振るわれたことだと言います。家事を手伝う際に怒鳴られたり殴られたり、夫からのストレスのはけ口として蹴られたり叩かれたりしたというその友人を、私はどうやって慰めてあげたらよいのでしょう？」

彼の質問は、彼が友人を助けようとする気持ちとは別に、心理療法に関する世間一般の偏見をそっくり含んでいる。「深刻な家庭内暴力を経験しながら育った人」を助ける「特別な専門的方法」があるという思い込みだ。彼は、友人を個別的な存在として認識するのではなく、「酷い家庭内暴力を受けた人一般」のカテゴリーで捉え、その枠組みの中で助けようとしていた。

家庭内暴力であろうが、職場の上司に苦しめられている友人や恋人であろうが、親子間のギスギスした葛藤であろうが、現実に起きている日常の苦しみから自由になるためには、まずその状況の中で、本人が自分の心の奥底を俯瞰的に眺めることが重要である。心理的な治療は、特定の問題について専門家がなんらかの助言をすることが本質ではない。複雑に絡み合って先の見通せない心の状態にある人の手を、誰かが優しく握ってあげながら、一つひとつ見て触れて確認し感じ、絡み合っているそれぞれの傷を癒していく過程である。その結果、絡み合っていた自分の心根を、霧が晴れた後の風景を見るようにひとつずつはっきりと見ることになるだろう。

「あ、その時、私はそういう気持ちだったんだな。だからその人に対し、そのようなことを口にしたんだな。あ、そうだったのか。それで私は、そのような行動をしたのかも」

そうやってその人が、自分と自分の状況をありのまま的確に俯瞰できるまで尋ねては共感し、また尋ねては再度、共感することを繰り返してあげるのが共感者のなすべきことである。「本当の自分」がはっきり見えてくるまで寄り添い、相手が座り込んでしまったら一緒に座り、その時間を無駄なことだと思っているようなら、なぜそのように思うのかを再び尋ねてその人の声に聞き入り、返ってきた答えに共感してあげる。そうやってともに歩みを進めていくのが共感者なのだ。

傷つき混沌とした中をさまよう人に対し、安全な場所から専門的で一方的な助言を与えるだけの人は、共感者ではない。そのような専門家は共感者になれない。傷ついた人を救えない。

人の心は、外部からの声によって変わりはしない。答えは外からやって来るのではなく、いつも自分の内側から見つかるものだ。それでこそ、心に深く、的確に染み渡る。自分の置かれた状況の実態、自分の心の実態を一つひとつはっきりと見て感じながら、全体を俯瞰して、初めて心は整理されてくる。全身で、真心で感じるのが、本当に知るということであり、そうすることで混沌から脱する道が見えてくる。

誰かの苦しみを和らげてやる共感者になるためには、その人の心について、「その人の存在自体」に問いかけてみるべきである。助ける者が自分の見解を話したり主張したりするよりも、「その人自身」に焦点を合わせ、「その人自身」の気持ちを聞くべきである。その人の心を詳しく知っているのは、誰よりもその人自身だ。専門家にしかわからないだろうなどと思わず、まずその人自身に質問をすることから始めるべきである。本当の答えを知っているのは、本人の心の内だけだ。本人が、それを奥の奥まで感じ、そのことに気づく時まで、共感者は寄り添い、手を握り続けよう。

過去の傷よりも、今の気持ちを思いやるのが先

幼いころ、母親から暴力を受けて育った友人は、彼を慰めたいと考えている男性にじっくり話を聞いてもらい、「本当の自分」を取り戻す過程で、心の中の霧を少しずつ晴らしていくだろう。ただし、ひとつ注意したいことがある。男性が友人の心に問いかける前に、友人が気楽に話を始めることができるように気を配ることが、まず必要なのだ。初めて自分の傷について話すうえに、実の母親に対する否定的な感情をさらけ出すのだから、ありのまま語れるかどうかは、話してみなければわからない。彼の心に対する配慮が必要な所以である。

その友人の立場になって考えてみよう。「他人に言わなくてもいいことを言おうとしているのではないか」「彼の私に対するイメージが変わってしまったら、どうしよう」。こうした不安ゆえに、自分の気持ちを素直な言葉にすることができない可能性がある。友人の不安に気づいてあげられなければ、その対話は不調に終わる。たとえ「そうだ

ったのか。大変だったんだね」「それは、君の非ではない」と共感の言葉を口にしても、結果は変わらない。

ならば、どうすべきなのか。彼の感情と傷に共感してあげればいいのか。ちがう。友人がその話をすることへの負担と不安に、まずは共感すべきだ。それこそが、今現在の友人が直面している、生々しい感情だからである。心の傷に共感するのは、それからだ。

そうでなければ、母親についての複雑な感情を引き出す前に、「私の母親もその時は疲れていたので、そうだったんだと思うな」と母親をかばうようにはぐらかしたり、「ほら、昔はみんな殴られながら育っていたでしょう。私の場合、それが少しひどい程度だったと思うな」などと話の向きを変えたりするかもしれない。

現在の感情に共感してもらえないかぎり、過去の傷は引き出せない。今この時の感情に共感してもらえなかったら、その次の話に移る力は湧いてこない。ひどく苦労して切り出した友人の話題が彼の心の奥底についての話へとスムーズにつながるためには、友人の現在の感情に共感する必要がある。共感は、見えない山を越すのに要する力である。それを頼りに、自分の心の奥底に分け入り、隠れていた「自分」と向き合う。そうすることで、自分を俯瞰的に眺めることができるようになる。

「今こうして話をしている間も、心安らかではないんだね。そうでしょう?」と、友人の不安に先に気づいてあげるべきである。その不安そのものに共感するべきである。「母親の話を切り出すことって本当に大変でしょう」と、彼の不安に理解を示すべきなのだ。自分が現在感じている不安をわかってもらえるということは、相手が「私の存在自体」をとても尊重してくれている人であるということを意味する。私の存在をありのまま、すべて無条件に受け入れてくれる人ということである。

そのような人に会えたと思えてこそ、人は初めて心の安全を実感する。そうすることで、自分の傷を十分に表現することができる。自分の不安を脇に置いて、より深く自分の話に没入することができる。

友人の不安を推し量り、共感してこそ、友人は気楽に自分を語ることができるという話を彼に伝えると、突然彼は、「実は、その話は友人のことではなく、私自身の話なのです」と告白した。彼はここで初めて武装解除し、自分を曝け出してもいいと思うほど、心の安全を感じたのだろう。

「ああ、そうだったのですね。お母さんはいつごろから暴力を振るうようになったのですか?」

私は彼にそう問いかけた。彼が安全だと感じていることがわかったので、改めて彼の心の声に耳を澄ませ、その時々に現れる現在進行形の彼の気持ちと感情について思う存分共感することにした。

「私が小学校三年生の時、父親の事業が傾き始めてから、そうなったようです。寝つけず、いらいらしていた母親が、夜中に私を叩き起こすこともありました。そして、些細な理由で明け方まで殴られて、そのまま学校に行ったこともありました」

「なんということでしょう、子どもだったのに、本当に大変な思いをされたのですね。そのような状態で、どうやって学校に行ったんですか？」

殴られてできた痣を服で覆い隠しながら歩いた通学路。学校に行きたくはなかったが、母親にまた殴られることを恐れ、重い足取りで学校へ向かった幼いころの記憶を、彼はたどり始めた。

「学校に行ったって勉強に集中できるはずなかったでしょうね」と私が言うと、彼は

「そうかもしれません」と言いながら、浪人時代の話を打ち明けた。

「私はこれまで、自分の頭が悪いとしか思っていませんでした。頭が悪いから、人の何倍も努力をすることで、やっと人並みの成績になれると信じていました。なのに、居眠りばかりしてしまうので、自分自身にイライラしました。頭が悪いのだから、真面目にしなきゃいけないのにって。そうとしか、考えられなかったのです」

彼は、集中力が続かず雑念が多かった自分を、頭が悪く怠け者の証拠だと思っていたのである。母親に足蹴にされて登校するような日が多かった子どもが、どうして勉強に集中し、さまざまなことに意欲的となれるだろう。私は、彼の苦しみに、ますます共感した。

「あなたは、必死になって耐えながら、自分自身を頭が悪いとなじり、怠け者だと責め立ててきたのですね」

私は、彼の考えから間ちがいを探し出そうとしなかった。よく頑張ったとか、ずいぶん自分に薄情だったのですねとかいった評価はせず、「そうしていたのですね、そうだったのですね」と、彼が自分自身のかつての様子をありのまま俯瞰できるように、彼が言ったことをほぼそのまま繰り返した。その時の私は、彼の前に立てかけられ、彼の姿を映し出す鏡であった。

「確かにそうですね。私は自分で自分を責め立てていました」

「そうでしたね。母親に殴られ、自分でも自分を責め立てて。子どもの私は、どれほど大変だったか」

その後、彼は、心の奥底にしまわれていた多くの思い出、自分に対して薄情だった自分自身を絶えず思い浮かべながら、わぁわぁ声をあげて泣いた。私が精一杯共感するその力を頼りに、自身への共感を強くしていった。話しながら、自分の過去を理解し、自責の念だけでなく、母親に対する怒りも生々しく表現し始めた。無気力で無責任な父親に対する嫌悪もぶちまけた。

人は、そう単純ではないので、いかなる場合でも複雑な感情を持つのが当然だ。母親、父親に対するそれぞれの感情は、多面的なものである。互いに矛盾しているようでも、その感情はすべて正しい。私はサーフボードの上で彼と一緒に波乗りをするように、彼の話を聞き、彼と波長を合わせた。

自分の傷について話をするうちに、心の健康を取り戻す

共感を通じた自分自身への多面的な理解は、その人の心を解放する。自分の存在が受け入れられて、自分の気持ちが整頓されたら、すべてのことが自然につながっていく。化膿している傷から膿を絞り出すように、彼は共感の中でつらい話を引き出した。そして、すっかり膿が絞り出された傷口から新たな細胞組織が盛り上がってくるように、彼は自分の傷についての話をしながら、健康な心を取り戻し始めた。

つらかった記憶をたどる時に覚える痛みは、傷が回復に向かっている証拠である。人は、そのことを無意識的に理解しているので、自ら心の傷に触れた際の痛みにも耐え、そのまま話を続けることができる。傷口が意識され、苦しみを感じ始めた時には、すでに回復への道を進んでいるのだ。

共感は、傷口を露わにする際の不安や恐れを和らげると同時に、傷の回復を早める軟

膏の働きもする。スプレー式の消毒薬のように大雑把なものではなく、患部に直接塗り込むので、的さえ外さなければ正しい効果を発揮する。応急処置から完治まで、そのすべての面倒を見てくれる万能薬なのだ。

共感の対象5

7 心は、いつも正しい

共感について話すためのワークショップで、小学生の男の子のお母さんから手紙をもらった。

「ある日、子どもの担任の先生から電話がありました。息子がお友だちを殴ったというのです。そんなことは一度もなかったので、ちゃんと話をするべきだと思い、子どもと向き合って座り、厳しく問い質しました。息子は、〝僕が殴ったのは本当だよ。だけど、先に喧嘩をふっかけてきたのは友だちのほうだ。先生にもすごく怒られたし、僕にいけないところがあったことはわかってる〟と言って、〝お母さん、ごめんなさい〟と謝りました。私は、息子が学校にいる間に、ある程度気持ちを整理してから帰宅したと思っていたので、〝そうね。理由はどうあれ、先に暴力を振るったのはあなたが悪いわね。でも、それがわかっているのならよかったわ。二度とそんなことをしてはダメよ〟と諭しました。そうしたら、息子がとても悲しそうに、泣きながらこう言うのです。〝お母さんは、そんなふうに言っちゃダメでしょ？　僕が、なぜそうしたのか気持ちを聞くべきじゃないの。先生もただ叱るだけで、本当に悔しかったのに。お母さんも、僕だけがまちがっているなんて言わないでよ。先に喧嘩をふっかけたのは僕じゃない。僕がどれほど我慢した末にその子を殴ったのか……。お母さんは、僕の味方じゃないの？〟。話が終わったとたん、息子はわんわん泣き出しました。その時、私は自分の間ちがいに気づいたのです。息子がどんな気持ちでいたのか、どれほど悔しい思いをしていたのか、なぜ殴らざるを得なかったのか、これらについて、ひとつも質問しませんでした。殴りかかる瞬間の状況について確かめようとしなかったし、先生に叱られた子どもを気遣うこともしませんでした。それらのことをする前に、いきなり問い質してしまったのです。傍目には、もう済んでしまった問題のように思えても、心の奥まで整理がついていたわけではなかったのですね。自分の過ちを認め、謝っている人にだって言い分があり、共感してほしいという思いがあることに気づきました」

子どもが泣きながら話した言葉には多くの意味合いが含まれている。

「お母さんは、そんなふうに言っちゃダメでしょ？　僕が、なぜそうしたのか気持ちを聞くべきじゃないの。先生もただ叱るだけで、本当に悔しかったのに。お母さんも、僕だけがまちがっているなんて言わないでよ。先に喧嘩をふっかけたのは僕じゃない。僕がどれほど我慢した末にその子を殴ったのか……。お母さんは、僕の味方じゃないの？」

これらの言葉の中には、共感者がどのような態度で相手に接するべきなのか、そのヒントがいくつも含まれている。子どもの言葉を受け入れて、自分の言動を振り返る母親の態度と併せ、ぜひ参考にしていただきたい。

心と行動は別個のもの

まちがった考えを持ち、誤った行動を取った人に対し、どうして共感ができようか。それを本人に知らせなければ、引き続きまちがった道を歩むのではないか。しかし、そのような心配はいらない。私が共感すべきは、彼の考えや行動でなく、彼の心、すなわち感情だからである。「存在自体」についての感情や気持ちこそが、共感の対象である。

私は、「心」という言葉を感情や気持ちという言葉とほぼ同じ意味で使っている。多くの人たちも、感情や気持ちという意味で「心」という言葉を使うことが多いようだ。だからなのか、「心の調子はどうですか」と質問すると、ほとんどの人が自分の感情や気持ちについて語る。

友人を殴った我が子の行為自体には同意できなくても、その時の我が子の心の状態には、共感できるはずだ。自分の心が共感を得られたとわかれば、その子どもは自分の誤った行動について、誰かから言われなくても自分で反省する。母親と子どもとの間になんの気まずさも副作用も残すことなく、子どもは自分の置かれた状況を十分納得し受け入れる。その後の信頼関係は、以前よりも深まることになるだろう。

その人の考え、判断、行動がいくらまちがっていても、誰かがその「心」を気にかけてあげていれば、それ以上状況が悪くなることはない。自分の心に共感してもらえたことを実感した人は、自分が負うべき責任をしっかりと果たす。それは、自分の「心」が受け入れられたという安心感からである。共感的な関係において、「人の心は常に正しい」という命題は、常に正しいのである。

検察史上、同僚および後輩たちから最も多くの尊敬を集めたといわれているL検事は、そのすぐれた人格のみならず、捜査においても模範的な人物である。取り調べ中に暴力（そこには拷問も含まれた）が振るわれることの多かった時代に、たとえ強盗事件のような凶悪犯罪でさえも、高圧的な方法は用いず、きわめてスマートなやり方で事件を解決に導くことで知られていた。

彼の取り調べの特徴は、被疑者に対し、事件とは直接関係のない、個人的な質問を多くすることだった。家族についての話題を振ると、被疑者の不幸な生い立ちが明らかになることがあり、そのような被疑者とは、打ち解けた話ができるのだ。こうして彼は、とくに圧迫したり自白を強要したりせずとも、被疑者に自ら罪を告白させることに成功した。

私が思うに、L検事は、きわめて共感力のすぐれた人だったにちがいない。たとえそれが、彼独自の取り調べ方法としてなされたことであっても、心理療法家のやり方と基本的なところでは変わらない。確かに彼は、「被疑者の取った行動」にではなく、彼らの「心」に焦点を合わせている。この方法で数十年間、取り調べを続けたというのであれば、大変な共感力を備えた人と見るべきであろう。

L検事の語ったことの中に、次のようなエピソードがある。被疑者の個人史に、丹念に耳を傾けていた時のことだ。ひとしきり自らの過去について語ったあと、その被疑者は、数年前に自らが手を染めた殺人について自白を始めた。そして彼は、すべてを打ち明けると、取り調べ室にあるソファーに横になって、安心しきったようにぐっすり眠ったという。これから償うべき罪科が残されていたとはいえ、そうした現実とは別に、彼の心は平穏を取り戻したのである。

人の「心」と、実際に下した「行動」は別ものだ。私たちは、その事実を知ることによって、どんな過去をもった人に対しても問題なく共感することができるようになる。こちらが相手に、何の迷いもなく共感することで、どんなに強情でひねくれた凶悪犯罪者の心だって動かすことができるのだ。逆に、どんなに分別をもった相手に対しても、その人の「行動」ではなく「心」に正しく共感してあげなければ、その分別はまちがった方向に行ってしまう。その分別は、自分の立場を守るための詭弁に費やされてしまうことだろう。それでは本質からますます遠ざかる。ふだん、スマートな思考と態度をもっていると思われていた人でも、理解しがたいような底意地の悪さと非常識な言動を見せることがあるのは、自分の「心」に共感してもらえないことへの不信感の表れである蓋然性が高い。

行動の背後に隠れている「心」を問う

ここでもう一度、学校で友人と喧嘩した子どもの話に戻ろう。担任から電話を受けた母親は、子どもに対して少し厳しく話をすべき状況だと判断し、子どもと対話を始めた。その時点で母親が、子どもの「心」に判断と評価を下していたのは明らかだった。子どもの真意を聞くまでは、すべての状況を把握できないという事実に、母親はまだ気づいていなかった。

厳しい態度で子どもに接するのが正しいという結論ありきの対話を始めた彼女は、その瞬間に母親から、刑事裁判の判事に変わったと言える。判決を下し、それに則って処分を行うのが目的になり、子どもの「心」は無視された。その時、母親の頭の中に、私（母）はあったが、あなた（息子）はいなかった。対話とは、「私の心」と「あなたの心」との関係が前提としてあるはずなのに、その時は、「私（母親の心）」はあっても、「あなた（息子の心）」は存在していないも同然だった。まともな対話が成立するわけがない。

だが、子どもが泣きながら話すのを聞いた瞬間、母親は「あなた（息子）」の存在をはっきりと認めた。そして、幸いすぐにそれを受け止め、悟った。表面上は解決したように見える問題でも、「心」の奥では、まださまざまな感情がうずまいていることを。自分の過ちを認め、謝罪する気持ちでいる人にも、その一方に共感してほしい事柄があることを。そして、彼の「心」に共感してあげる以外に、この問題を解決する道はないということを。私は、母親の洞察力に驚いた。ふつうは、なかなか気づきにくいことだからだ。

こういう「心」ある母親のもとで育ったがゆえに、幼い息子も自分の「心」の声を堂々と口にすることができたのであろう。私はそのことに、深く感動した。自分の母親がそういう人だから、自分の「心」をきちんと受け止めてもらえると、確信していたのであろう。この母親と息子の間では、これまでも目に見えない形で「心についての学び」が行われていたにちがいない。だから、最終的には子どもを守ることができたのだろう。友だちを殴るという行為はたしかにまちがっていたかもしれない。しかし、そういう場合でも、「心は、いつも正しい」。

共感の対象6

8 感情が正しいからといって行動まで正しいとは限らない

ある夫婦の話である。夫は、とある人権集会に参加した際、警察から無差別的に殴打され、それが原因で足に障害を負った。妻が夫の代わりに生計を立てることになり、夫の看病も行った。夫婦はまだ三〇代前半で、子どもは三人。無力感と怒りが心の中を占めない日はなかった。夫の体の具合が悪化したことで、それは極限に達した。私が妻である彼女と会ったのは、そんな時である。彼女は体を震わせながら、こう話した。

「運転免許があれば、トラックで警察庁の正門に突っ込むのに。何もかも燃やしてから、私も死にたい」

私は、迷わず答えた。

「なぜ運転免許が必要なのですか。突っ込むだけなら、免許など要らないはずですよ」

自爆テロの衝動に駆られている人を焚きつける言葉に聞こえるかもしれないが、もちろん、そんな意図はない。むしろ、彼女の怒りを増幅させ、凶行に走らせるのは、彼女の怒りを抑えようとする行為である。彼女の意識を怒りから逸らそうとする人や、安易に理解を示す人こそが、火に油を注ぐのである。たとえば、「あなたの気持ちはわかるけど、子どもはどうなるの」「そんなことをしても、残された夫が罪悪感に苦しむだけだ」といった言葉が、その言葉を口にした意図とは無関係に、彼女の怒りをさらに膨れ上がらせるのだ。

運転免許は要りませんという私の言葉に、彼女は一瞬言葉を失い、そして、笑った。それまで怒りに凝り固まっていた気持ちが、それでほぐれたのだ。あとで彼女は、自分の怒りについて、より詳しく言及したが、もう先ほどのように感情のすべてが怒りに占められることはなかった。自分の怒りを冷静に俯瞰しながら話すような感じだ。私にはそれが、地獄のような苦しみの中で怒りを充満させる自分と、それについて語る自分との間に、彼女が安全な距離を保っているように見えた。

怒りを心の中で抑えずに表現できれば、その怒りはかえって爆発しない。怒りに没頭していた彼女が一瞬でそこから抜け出せたのは、自分の怒りが全面的に理解され受容されたと感じたからである。

彼女は本心から、「すべてを壊して、私も死ぬ」と言ったわけではなかった。なにもかも壊して死んでしまいたいくらい、現在の私は悔しくて腹が立っていると本当は言いたかったのだ。私がしたように、誰かがその人の「心（感情や気持ち）」を正確に聞き取って、受け入れてあげれば、負の感情から脱することができるはずだ。そういう存在は何人もいらない。たったひとりでいいのだ。

人の感情は、いつも正しい。人を殺したり壊したりしたいと思うのも正しい。その心は正しい、ということを誰かがわかってくれれば、逆に殺したい心も壊したい心も収まる。それで怒りの無間地獄から抜け出すことができる。

万一、彼女が実際に何かを壊したり、誰かに損害を与えたりしたとして、それでも正しいと言えるのか？　自殺行為に走るのは正しいことなのか？　人の心はいつも正しいというのなら、彼女の破壊的な行動や判断さえも正しいというのか？　そうではない。心と行動は、別ものだからだ。人の感情はいつも正しいが、それによる行動までもがいつも正しいとはかぎらない。

感情には共感しても、行動には同意できないこともありうる

あるきょうだいの話をしよう。彼らの間に、深刻な相続争いが起きていた。一番上の兄は、弟や妹たちの五倍に相当する財産を自分の取り分であると主張したため、他の者は一斉に反発した。長男と比較的仲のよかった妹が、誠心誠意、説得に当たったが、兄はびくともしない。長男と他のきょうだいたちとの間で板挟みになったその妹は、話し合いが長引けば長引くほどにこじれ、双方から恨まれる状況に、ほとほと疲れてしまった。こんなことなら仲裁役を買って出なければよかった。そして、かえって話をこじれさせてしまったのではと自分を責めた。他方では、一番上の兄を恨む気持ちにもなった。

彼女が私にしたのは、次のような質問だ。

「一番上の兄の感情も正しいのでしょうか。その感情に、共感しなければならないのでしょうか」

もちろんである。けれども、知っておかなくてはならない。感情はいつも正しいが、それによる行動や判断までもがいつも正しいわけではない、ということを。感情にはい

つも共感することができるが、彼の行動や判断には同意できない場合もありうる。

まず、長男が、自分の取り分をなぜそのように算定し、権利を主張しようと考えたのか、その「心」を問うべきだ。納得できないからこそ、尋ねるべきである。理解できないことには共感できない。

彼女は兄に尋ねた。兄は待ち構えていたように、こう答えた。

父親が脳の手術をする時、治療費はきょうだいで出し合うと決めた。だが、その時、長男の義理の母も、がんの診断をうけて闘病中だった。つまり、妻の実家も助けるべき状況にあったのだ。そのため、長男夫婦は経済的にも心理的にも非常に疲れていた。そんな時に、他のきょうだいたちが長男に対し、立場上、父親の治療費を多く出すべきではないのかと言ってきたので、彼は義母の治療費を十分に捻出できなかったという。以来、弟や妹たちが自分に向けた冷たい言葉と態度が、ずっと長男の胸には刺さっていた。深く傷つき、寂しさも覚えた。彼らの無礼な態度に憤り、自分が尊重されていないと感じた。今もその時の屈辱、悔しさ、怒りを生々しく思い出す。これが長男の気持ちだった。

妹は想像もしなかった話を兄から聞いて、その気持ちを初めて理解したという。今からでも、そのころの兄が受けた傷に共感してあげるべきだと私は思った。たとえ意図していなかったとしても、兄を傷つけていたのであれば謝るべきだし、それが解決への道だ。

「そうだったのか。兄さんは寂しい思いをしていたんだ。私たちを薄情と思ったにちがいない」

このように共感してもらえれば、わだかまりは溶解する。春がくれば、川の水は自然と溶けていくのだ。カチカチの氷を無理にハンマーで叩き割る必要はない。わだかまりのある相手を判断したり評価したり説得したりするのは、氷をハンマーで叩き割るようなものであろう。そんなことをしなくても、共感するだけで、春は向こうからやってくる。

長い間、長男が心の底にしまい込んでいた寂しさという傷を他のきょうだいが認め、謝ったら、彼の気持ちはすぐに収まったという。心の痛みが和らいだせいか、自分の取り分を一部減らすことに同意した。遺産の配分を再調整する際、長男は依然として他のきょうだいたちの二倍程度の取り分を主張し、三人いる弟と妹のうちのふたりはそれについて納得する気持ちになれなかった。多い財産が自分の分け前であるべきだと主張したそうだ。三人の弟と妹のうちふたりは、長男の過去の傷を理解はしたものの、その主張にはまだ不満が残った。

もちろん、弟と妹が長男の判断のすべてを受容する義務はない。心と行動は、別だからである。長男がこれまで寂しいと感じていた「心」に共感することはできるが、彼が弟と妹との間でどのような行動を選択するかまでは、共感の対象にない。長男が他のきょうだいの二倍の財産を受け取るのが行きすぎた行動であると判断するなら、「兄さんの寂しさにはとても共感するけれど、でもそのような行動は正しくない」と言えばいい。その結果、袂を分かつなら、それもひとつの選択だろう。弟や妹と縁を切る寂しさや見限られたことによる心の傷は、長男自身の行動が招いた結果である。遺産だけ受け取って、そちらは受け取らないというわけにはいかないのだ。

長男の意に添わなかったからといって、他のきょうだいが共感力にすぐれないということもない。長男の長男らしくない行動には同意したくないけれど、傷ついたその「心自体」には共感している。さらにいえば、長男と決別しなければならなかったきょうだいたちの「心」も、同時に尊重されるべきであろう。

時には関係を切る力も必要

すべての人と円満に過ごすことが、共感者の条件ではない。他者に心があるように、自己にも心がある。他者と自己は互いに尊重し、共感し合うべき独立した存在だということを理解すれば、関係を断つのも共感の一部であることがわかるだろう。関係を断ち切ることが、他者と自己の存在を同時に守る不可避な選択という場合だってあるのだ。

このような決断を下せないまま、うやむやな関係を続けていくのは、自分を蔑《ないがし》ろにする行為であり、相手からも、正しい行動の機会を奪うことになる。それは、両者にとって不幸だ。いつか別の問題を引き起こすにちがいない。

すべての人と円満な関係でいることなど不可能だ。誰の心にも共感できるなどという人もいない。そのような人は、共感者ではなく、感情労働者だ。やがてストレスに押しつぶされてしまうだろう。

友だちを殴った息子とその母親の関係のように、未成年の子どもと親の間に生じる情緒的な葛藤の大部分は、親が子どもに正しく共感できなかったことで起きる問題である。したがって、親が改善すれば解決できる場合が、ほとんどだ。親が関係の本質を理解してそれまでのことを謝罪し、的確に共感し始めれば、拍子抜けするほどたやすく葛藤が解けていく。

ただし、成人間の葛藤となると、もう少し事情がちがってくる。自分が改心して済む問題ばかりではないからだ。それぞれに守るものがあり、利害関係においてどうしても折り合いがつかない時は、関係を断ち切るという選択があってもいい。相手が受け取るべきものを、こちらの負担で賄う必要はないのだ。それまでの関係がいかなるものであろうが、心の健康維持のために、一方的な力関係は解消すべきである。誰もがまず、自分の「心」の健康を最優先していい。そうできてこそ、未来もあるのだ。

共感者は、すべての人と円満な関係でいられる人ではない。一番上の兄と決別する道を選んだきょうだいたちの心もまた、正しいのだ。

共感とは、優しい視線で人の心を隅々まで見通すことができた時に相手に届く、ひとつの状態である。

その人の内面にあるものを一つひとつ根気よく観察した結果、その心の全体像を見渡すことで到達する、深い理解の段階が共感である。

その人の状況を詳細に知れば知るほど、相手への理解は深まり、それに比例して共感は深まる。

共感は、生まれつきの能力ではなく、自分の足取りで一歩一歩着実に踏み出して得られる何かである。

＊

ドアが「存在自体」であるならば、ドアノブは存在における「感情や気持ち」を意味する。

存在の感情や気持ちに正確に目を重ねて共感する時、人の心の奥底はついに開く。

共感は、そのドアノブを回す力である。

第4章

心の境界をつくる

――私とあなたを同時に守るために

1　私たちはすべてが固有の存在

それぞれの国に、それぞれの領土がある。固有の歴史、法律、言語を持ち、固有の文化、風習を持っている。国ごとで食べているものも異なるし、気候も異なる。寒い国もあれば、一年中暑い国もあり、地殻や気候が安定した国もあれば、自然災害に見舞われやすい国もある。地下資源が豊富な国もあれば、草一本生えない痩せ地が国土の大部分を占める国もある。

人間も同じだ。それぞれが固有の存在であり、個性を持っている。私には、他の人とまったく異なる歴史がある。性格も気質もちがう。たとえそれが、一卵性双生児のきょうだいだとしてもだ。

口調、心性、趣向、食習慣、すべてがちがう。同じ国がふたつないように、まったく同じ人がふたり存在することはない。複数の小国がひとつの大国に相当する、などといった理屈はなく、どんなに小さくとも国は国。それと同じで、人は誰でも独立した存在だ。

国家と国家の間には国境がある。国境は、ひとつの国家の物理的なアイデンティティを示す。国境を無断で踏み越えて他国に入れば、その国の主権を認めないと宣言したことになる。国境の侵犯は、その国を尊重するつもりがないというメッセージなのだ。その時は、すべてを動員して防衛するか、反撃に転じるべきである。さもなければ、命を奪われたり、蹂躙されて悲惨な暮らしを強いられたりする。国境が万全だからこそ、私たちは安心して生きていくことができる。だから、どの国も国境に軍隊を配備し、厳重に警戒している。

国境のように、人と人との間にも境界が存在する。すべての人間が個別的存在というのは、自分と他者との間に境界があることを意味する。私の身体と外界との境が皮膚であるのと同じだ。国境警備隊が行っているようなことは、人と人との境界においても必要である。ただし、人と人との間の境界は目に見えない。だから守るのが難しい。境界を認識できてこそ、自分も相手も、互いに領土を侵犯せずにいられるのだ。

自分の境界が破られてダラダラと血を流しているのに、自分が何を苦痛に感じているのかわからないことがある。逆に、自分が他人の境界を侵犯し、領土を踏みにじっているのに、そのことに無自覚で、私の真心がなぜ伝わらないのかなどと、まるで自分が被害者であるかのように憤ることもある。人と人との境界は、目に見えないからである。それが守られるためには、まず境界を認識することから始めなくてはならない。

人と共感し合うことにも、同じ原理が適用される。私とあなたとの関係において、どこまでが「私」の領域であり、どこからが「あなた」の領域であるかを認識するべきだ。私が「あなた」に共感すべき時なのか、私が「あなた」に共感してもらうのが先なのかを見極めることは、お互いにとって大切である。互いの境界を認識する能力も、共感力の要素のひとつだ。

何人たりとも私の主権を侵すことはできない

相手の主権を認めない行為は、境界を侵犯する行為である。主権が侵されると、人は侮辱感、侮蔑感、羞恥心を覚え、その結果として怒りが湧き起こる。こうした感情が湧き起こっている人は、自分の境界が侵犯されている可能性がある。

専門職に従事する、Aという四〇代の未婚女性がいる。彼女は、同い年の男性と長い恋愛の末に結婚を決心したが、ひとり暮らしの母親から結婚を反対されて帯状疱疹《たいじょうほうしん》を発症するほどストレスを溜めていた。彼女の恋人は、それなりの仕事に就き、それなりの収入を得、容貌は人並みだった。とりたててダメなところのない娘の恋人に対する母親の不満は、彼の将来性が低いということに尽きていた。男性が、専門職に就いていないため、収入アップが期待できない、いつか娘の稼ぎを当てにするのではないかと心配したのだ。泣いて懇願したり、贈り物をして機嫌を取ったりしながら説得に努めたが、母親は頑なだった。強硬に籍を入れることもできたが、ショックで母親が倒れでもしたら罪悪感に耐えられない。そう言って、彼女は涙を流した。

一見、彼女は母親に細やかな気遣いをする孝行娘に思える。だが、自分と母親との間の境界について認識が足りないことに彼女自身が気づいていない。自分の主権を侵犯されているにもかかわらず、そのことに屈辱を覚えたり憤ったりすることがない。そういう認識のないまま、ただ相手に懇願したり説得したりすることに余分なエネルギーを消耗させているのである。このように、問題の根源を認識できないまま、いくら最善を尽くしても、空に向かって銃を乱射しているようなものである。標的を狙わなければいっさいが無駄だ。

彼女はまるで、国境に警備兵をひとりも派遣しない国家のようである。母親が境界線を破り、侵略軍のように、自分に固有の感情と意思決定の領域にまで攻め込んできたのに、出て行けとも言えず、毅然と立ち向かうこともできない。自国の領土を踏み荒らされ、泣いている。果ては、刃物で自分を刺している相手の腕の痛みのほうに共感する始末だ。

自分が刺されている自覚がないせいで、恋人が「将来、妻の稼ぎを当てにする男」という屈辱的なレッテルを貼られていることにも思いが至っていない。母親と自分との間にしっかりと境界線を引くことができなかったために、回りまわって自分が愛する人のことまで傷つけてしまっている。自らの境界が守れないだけでなく、同時に他の人の境界を侵すのに手を貸す、間接的な加害者となっているのだ。

彼女の母親が、娘の恋人に対し、気に入るとか入らないとかいう意思表明をするのはかまわない。しかし、許されるのはそこまでである。結婚に関する決定権は、母親にはない。にもかかわらず、彼女はその権利を奪い、侵略軍のように振る舞った。娘という他国の領域を侵犯し、主権を剥奪したのだ。そのような状況にありながら、彼女は母親自身が考える以上に母親を上位者として尊重しようという、実に哀れで不適切な態度に出ている。彼女の態度は、百歩譲っても、母親に対する行きすぎた忖度と言わざるを得ない。

彼女は娘の立場から母親に配慮したというが、これは余計なお世話である。人の「心」をよく理解していないがゆえの間ちがいだ。人が個別的で独立的な存在だというのは、人は自分が置かれた状況と関係の変化によって、自身の意思で絶えずそこに適応していく存在であることを意味する。老若男女、これは誰であっても変わらない。人はすべて、独立的で完全な心理的メカニズムを持っている。娘の恋人が気に入らなくても、その男が娘の夫になり自分の婿になってしまうと、その関係に合わせて人の気持ちはまた変わる。状況の変化に適応するからだ。適応は、人間の本能である。その結果、上手く適応することができなかったとしても、それを含めて人はさまざまな状況と付き合っていかなければならない。

このような話をしたあとで彼女は、母親の反対を押し切り結婚した。母親は、依然として婿に不満を抱いたが、ショックで倒れるほどではなかった。まずまず健康に生活している。婿に対する母親の好ましくない感情は、娘が解決すべき問題ではない。しようとしてもできることではないし、またそうする必要もない。母親自身が解決すべき課題だ。娘の境界の外側で、母親自身が自らの領域において解決の道を探らなければならない。母親が大変そうにしていたら、娘が境界の外から手助けすることはできるが、それを罪悪感からすることはない。互いの境界をはっきりと自覚し、母親の問題は母親自身で解決すべきだということを気づかせるほうが、娘が介入した場合よりも事態は早く収拾する。

娘が境界に対する認識を持たずに継続して母親の心に介入すると、母親は自分の不都合な感情が娘のせいだと思うようになるかもしれない。自分の課題であるという認識を母親自身が持たないかぎり、その問題は解決することができない。母親の大切な課題を、母親から奪ってはならないのだ。

誰かを過剰に保護しているのではないか

不慮の事故で高校一年生の息子を失った父親がいる。彼の息子は、祖父、すなわち彼の父親が最も愛する年長の孫であった。だから父は息子の葬儀を終えた後も、故郷に暮らす祖父に孫のことを知らせることができなかった。事実を知って、血圧の高い祖父にもしものことがあってはいけないと思ったからである。それからの二年間、祖父のもとを訪ねるたびに、あなたの孫は外国に留学していると伝えた。祖父から電話がかかってくると、父の胸は痛んだ。孫の消息を聞かれたらどうしよう、どう説明すればよいだろうかと思い悩んだ。私は、その話を聞いたあと、彼に質問した。

「いつかあなたが亡くなって、孫が自分よりも先にあの世に行っていたという事実をあなたのお父様が知ったら、祖父としてどんな気持ちになるでしょう。息子が自分のために、子を失った悲しみにひとりで耐えていたという事実を知ったら、息子に申し訳ない気持ちになりはしないでしょうか。息子が我が子を失って死ぬほど苦しかった時に、父親として慰めの言葉ひとつかけてやることができず、かえって息子を苦しめていたと自責の念に駆られるとは考えませんでしたか」

老人といえども、彼の父親は、触れただけで壊れてしまうガラス細工のような存在ではなかった。むしろ、厳しい歳月を生き抜いた者であり、立派に息子を育て上げた人物である。私はさらに、彼に質問した。

「あなたは、お父さんに対して必要以上に気を遣いすぎているのではないでしょうか。たぶんお父さんのことを単純な存在と考えているのです。あなたはとても思慮深く、子どもを失った悲しみに耐える強さも持ち合わせていらっしゃいますが、その反面、お父さんのことは自分と同じようには苦痛に耐えることができない、弱い存在と見ていらっしゃる。でも、本当にそうでしょうか？」

それを聞いて、彼はしばらく泣いていた。数日後、彼はひとりで故郷の家を訪ね、父親に彼の孫のことを話した。父親があまりにもショックを受け、心を痛めるのが心配だったので隠していたのだと打ち明ける間、涙があふれるのをおさえられなかったという。しかし意外にも、父親はすでに知っていたと答えたそうだ。息子が気に病むといけないと思い、知らないふりをしているのは苦しかったと言いながら、息子と一緒に泣いたという。

人間は、自らが置かれた状況に適応する、独立的で個別的な存在である。そのことを確信していれば、互いの境界を認め合って、ともに泣き、ともに苦しみを分かち合いながら、互いが互いの生きる力となれる。目には見えないけれど、人の「心」の中には境界がたしかに存在しているということを認識することで、人はそれぞれ尊厳ある個別的な存在として生きることができるのだ。

2　自分を守ることが先決である

「苦しんでいる友人の話を聞くだけでも、その感情に感化されて大変なのに、どうすればそのような仕事を続けていられるのですか？」

私が最も多く受ける質問である。

私の仕事は、心理療法である。クライエントの話を聞いて疲労するのは、相手のつらさに感化されるのもあるが、それ以上に大変なのは、私自身の心の傷と関連するある感情が刺激される時だ。精神科医として駆け出しだったころに、そのような経験を数多くした。

私が一二歳の時である。七年間、がんで闘病していた母親が世を去った。幼い時の私の記憶は、喪失感と色褪せた日常である。世の中から私だけが孤立させられたような気持ちになり、果てしなく寂しかった。まだ若かった父親の憂うつと無気力をリアルタイムで実感しながら過ごした私の思春期は、父娘で途方に暮れる時間であった。そのような思いの中で芽生えた憂うつとコンプレックスが、精神科医になって以降、誰かの心の奥底を聞く中で頭をもたげた。

そういう時は、相手の話にしっかり耳を傾けることができなかったり、そのくらいで病人のつもりなのかと内心突き放したりしたこともあった。クライエントそっちのけで、私自身のつらい記憶で頭がいっぱいになることもあった。相手のつらさと自分自身のつらさの区別がつかなくなる時もあった。私自身の心の傷が、相手のそれらと混じり合うのだ。こうした混乱が不安を呼び起こし、自分に精神科医としてやっていく資格があるのか、疑問に思ったり自責の念に駆られたりもした。

自身が心の傷に共感してもらえず、治療には程遠かったころの私は、とてもこのまま仕事を続けられないほど苦痛を抱えていた。先輩の医師に相談に乗ってもらったことも役には立ったが、もっと決定的に役立ったのは、私の日常の中で、その何百倍もの時間、私の師であり恋人であり、道連れであり伴侶でもある夫から、存分に共感してもらった経験であった。

それから私は、少しずつ、ゆっくり、すべてが変わっていった。自分の気持ちを十分に吐き出し、深く共感してもらい、理解してもらった時間、そして深く愛してもらった時間を経て、私の職業は苦しみではなく喜びへと変わった。以来、誰かの苦痛と向き合う「心理的戦場」に、私は喜んで赴くようになった。

正しく共感するには、心の境界を正しく認識すること

誰かに対して共感者であろうとする人は、同時に自分の傷も共感してもらえる人である。共感の前提に、共感されるということがある。自転しながら同時に公転する地球のように、共感は他の人に心を配ると同時に、自分も相手から心を配ってもらう行為なのだ。それは、他者を中心点にして他者の心にフォーカスすると同時に、自分の中心点からも離れずにいることである。

共感は、相互的であり同時的なものである。地球が自転だけに集中するあまり、公転を止めるなどということがないのと一緒だ。相互性と同時性が失われれば、共感も失われる。

誰かの痛みに耳を傾ける共感者も、その過程で自分の心の傷を悪化させるおそれはある。心はそのように、とても繊細なつくりをしている。傷ついた人も、それに共感する人も、本質的には、同じ傷ついた存在だ。

相手に一方的に共感「してあげる」ことが共感ではない。自分が共感してもらうことに敏感でなければ、誰かに共感する感覚を維持するのは難しい。私とあなた、両方に共感することが必要であり、どちらか一方だけが共感されるということはあり得ない。共感は、「私」を生かし、「あなた」も生かすものでなければならない。その意味で共感は、心理療法の完全なる結晶体である。この完全体は、自分自身への共感、自分自身の「心」を尊重し、守るところから、まずは始めなければならない。

トラウマの現場で献身的に活動するボランティアや社会福祉士、市民活動家のような共感者が、無力感に襲われるケースは多い。それはおもに、共感をめぐって一種の強迫観念にとらわれているためである。

国家の暴力によって家族を失った人々の心の痛みは、第三者には測り難い。共感者は、そうした人たちと一緒に食べて寝て涙を流して、集会やデモを計画しながら、彼らと苦しみをともにするが、そうやって共感しながらも、他の部分では被害者と意見が異なる可能性もあるのだ。たとえば、デモのための実務計画を立てて役割分担についての決定を行う時など、互いに意見の相違があるかもしれない。当然ながら、そのような場合に共感する側は、被害者たちと異なる意見を通しにくい。被害者たちの意見を受け入れることがまちがった判断だとしても、まちがっているとは言いにくいのが現実だ。

自分が同意していないことに耐え続けた結果として生じるのは、怒りや憎しみだ。しかもそこには、必ず自責の念がともなう。被害者を憎む自分が悪い人のように感じられるのである。そして、ついに忍耐の限界を超えた時、その共感者はある日突然、黙って現場から去ってしまう。共感の相互性と同時性に背いた結果だ。

ある意味、トラウマの現場のような極端な苦しみの場にいる共感者は、被害者の保護よりも自分の保護を最優先しなければならない。他者に共感する仕事を最後まで全うできるのは、自分の「心」を大切にできる人だけである。

国家の暴力による被害者の遺族を助けていたひとりが、慌てた様子で私を訪ねてきた。夜、家で寝ている間に服を着て外に出たらしいのだが、自分ではその記憶がまったくないという。家を出て自動車を運転し、接触事故を起こした場所で自分から相手に名刺まで渡していたのに、その事実すら名刺を渡した相手からの連絡で初めて知ったそうだ。フィルムが途中で切れた映画のように、その間の記憶が完全に失われているのに、自分がそのような行動をとったという確実な証拠がある。彼は、そんな自分に恐怖した。「解離性同一性障害」に属する夢遊病である。
彼は、数年間、被害者の遺族たちと活動をともにする中で、極度に感情を抑えてきた。被害者の遺族たちに対して堪え難いほどの怒りがこみ上げてきて、理解し難い瞬間も多かったと告白した。そのような気持ちになるたびに、初心を忘れかけた自分を責めた。

私は、彼に尋ねた。

「傷ついた人たちに対し怒りがこみ上げてくるなんて、人間じゃないと感じているんでしょう？　弱者に対し腹を立てたことで、あなたが嫌悪する人々とあなたが少しもちがわないように感じられたのではないかしら」

彼は静かに聞いていた。そして、被疑者を尋問する刑事のように自分を厳しく責めているだけであった彼が、長い沈黙の末にようやく口を開いた。
最善を尽くして助けていたひとりの遺族に言及しながら、自分が自分自身に対してどれほど無礼だったのかを打ち明けた。その遺族がどれほど情けない人間なのかについて、母親に告げ口をする子どものように、私に話した。そうやって彼は、自分の気持ちをぶちまけていたが、そのうちバツが悪そうな様子を見せ、「でも、その人はそれほど悪い人ではありません」と言った。

そこで私は、彼にきっぱりとこう言った。

「その人をかばう言葉は、後にしてください。今は、思う存分もっと腹を立ててけっこうです。これまでたくさんの怒りを飲み込んでいたのでしょうから」

私は、彼が遺族に対し悪口を言っている自分のことを、自分で不愉快に感じていることはわかっていた。だが、その人を弁護する発言は断固として遮断した。今は、彼が自らの心の内を誰かに知ってもらうべき時だ。それが十分でないうちは、遺族に正しく共感することもできない。

再び狂ったように腹を立て、自分がなぜこのような境遇に置かれてしまったのかと、寂しそうに涙を流しながら、彼は自分の幼い時代の記憶を持ち出した。彼の両親は、些細な争いでも互いに刃物を振り回すほど、極端な夫婦喧嘩をした。ところが、他のきょうだいと比べ、自分はその記憶を正しく思い出すことができないという。思い出しそうになっても、無理やり忘れようとした。

しばらくして彼は、トラウマの被害者たちと一緒に過ごした時間が自分にとってどれほど大変なものだったのか気がついた、と言った。彼は、これ以上自分がこの仕事に関わってはいけないと感じていた。それに対して私は、その間の彼の真心と献身が、被害者たちにとってどれほど多くの助けになっていたのかを事細かに語った。あなたが情熱を傾けた数年間のことは、私もよく知っている、本当によく頑張ったと、全力をこめて賞賛した。その後、彼はトラウマの現場を離れることにはなったが、その時はもう自責の念は消えていた。

「私」と「あなた」、両者に対する共感

誰かと苦しみをともにしようとする人は、同時に自分に対しても無限に共感するべきである。それを利己的と考える必要はないし、他者を助ける資格のない卑怯な行為と見なす必要もない。自分を守れる人こそが、誰かを助ける資格を有する人なのである。

トラウマの現場のような「心理的戦場」への参加だけでなく、日常の中で誰かの苦しみに共感する時にも、自分に心を配る細やかな感覚は必要である。

同じ友だちでも、たとえば友人Aには共感したいけれど、友人Bには共感したくない、などということがある。このような差別的な共感は、専門のカウンセラーであってもたびたび経験する問題である。専門家であろうがなかろうが、すべての人が経験する日常の問題なのかもしれない。そういう気持ちになる時は、それなりの個人的な理由があるからだ。そしてそういう時は、自分がどのような理由でそうなるのかを考えるべきであろう。誰にでも等しく共感できない自分を責めれば済む問題ではないのだ。自分を責めても、何の解決にもならない。

相手の状況が差し迫っているにもかかわらず、こちらが疲れていて気持ちを集中できずに共感できないことはある。このような時は、とりあえず自分の気持ちを優先すべきである。自分の「心」を守れない状態で共感しようとするのは、泳げない人が、溺れている人を見つけたからとむやみに飛び込むのと同じだ。これではふたりとも助からない。人は誰でも傷ついた存在だ。自分を守れてこそ、誰かを助けることができる。それ以外に助かる道はない。もし、専門の共感者になりたくて、そのためにはどんな資質が必要なのかを私に問う人がいたら、私は「自分自身を守ることに敏感であること」と答えるだろう。

ある期間、ある特定の脈絡と状況に限れば、一時的に自分が耐えれば済むということはあるかもしれないが、常にそうすることが共感者ではない。「あなたも存在するが、私も存在する」という感覚を持つのが、共感者の正しい在り方だ。「私」と「あなた」の両立は不可能ではない。「共感」は、「私とあなた、両者に対する共感」の略語なのだ。

3　献身と期待で境界を越えてはいけない

中学校三年の息子がタバコを吸っていることを知った母親がいた。彼女は、「思春期の男の子たちは誰しもそうしながら成長するはず」と大きな度量で考えることにした。息子との対話の糸口を逃さないことのほうが重要だと考え、息子にこう話した。

「お父さんもあなたの年頃にはそうだったって。だから、そのことについては何も言わない。でも、学校にばれてしまうと問題が大きくなるから、吸うなら家の中だけにしてほしいの」

息子は、母親に感謝し、喜んでそうすると答えた。

問題はその後だ。息子は自分では直接タバコを買いにくいから、代わりに買ってきてほしい、と母親に頼むようになった。母親はよくないと思ったが、子どもに気前のいいところを見せた手前、時々その求めに応じた。そうするうちに母親は、ドキッとした。こんなことを続けていたら、やがて息子が友だちのぶんのタバコまで買ってくるよう求めてくるのではないか。子どもを最後まで信じ理解するのが母親の分別だとの思いで耐えてきたが、いったい私は今何をしているのだろうか。

すべての要求を聞いてあげることはできない

相手のすべてを受け止め、共感するという時の「すべて」とは、相手の「存在自体」あるいは「存在自体としての心」である。誰かを殴りたいと思っている人に共感するのは、彼の怒りや、怒りを誘発した状況、その状況に置かれた彼の心などについて理解するという意味であって、暴力行為を認めるということではない。それは別問題である。心の中の怒りの感情に共感することはできるが、実際の暴力行為はその範疇にない。「行動」は共感の対象ではなく、当事者だけが負うべき責である。

同様に、息子が吸うタバコを買いに走ることが共感ではない。タバコを吸いたいという息子の気持ちを非難せず、その「心」をわかってあげるのが共感である。その区別がつかなければ、息子の要求に振り回され、母親自身の境界を侵犯されることになる。そうなれば、母親の共感から正当性も健全性も失われてしまう。

私は、こうした意見を彼女に伝えた。母親が息子を個別の、独立した存在として尊重するつもりがあるなら、母と息子との間の境界線を見きわめるべきである。しかし、母親はその境界を越えてしまった。タバコを吸いたい息子の心を非難せずに理解してあげたことで、息子は、母親がいかなる場合においても子どもを信頼してくれる存在だと認識しただろう。母親の役割は、そこまで。それで十分である。子どもがタバコを買って吸い、それがばれて停学になるなら、それは子どもが負うべき責である。そのリスクを負いたくないなら、タバコを吸わなければよいだけのことである。リスクを冒そうが冒すまいが、息子が自分の境界内で、自ら決定すべきことである。

彼女が質問した。息子から、お母さんがタバコを吸ってもいいと言ったんじゃないか、だけど自分は未成年なのでタバコを買えない。だからお母さんに買ってきてもらうしかない、と詰め寄られたらどうすればいいのでしょう。

共感とは、オール・オア・ナッシングではない。母親がタバコを吸うことについて許し、共感したとしても、それはタバコを買ってやることまでは意味しない。タバコを買ってくれないからといって、喫煙を許した母親でなくなるわけでもない。ふたつの事案は別個のものである。

「お母さんは、あなたがタバコを吸いたがる気持ちを個人的には理解できる。けれども、未成年者の喫煙について学校や社会が持つ考えや規律まではどうすることもできないよ。だからそこは助けられない。そして、お母さんは、あなたのタバコを買ってやることまでしたくはないの。それは、あなたが自分で工夫してやるべきことなの」

このように、母親は子どもの心へ十分に共感しながらも、母親自身の境界線をはっきりと引くべきである。

母親と自分との間の境界を認識した子どもは、かえって、母親にタバコを買ってきてと要求したことを、申し訳なく思うようになるだろう。そのような境界がないまま、母親が引き続きタバコを買ってやることまでが息子への共感だと考えるなら、ある日、子どもは母親が買ってきたタバコの数が少ないなど、こちらが思いもよらない理由で苛立ったりするようになるだろう。境界が崩れれば、どんなに犠牲を払っても、相手からの非難や攻撃は避けられない。

これは、親子間の問題に限らない。配偶者や恋人、友だちとの間でも普通に起こり得る。「献身」という徳目は、人と人との境界を想像以上にたやすく、いつの間にか壊してしまうものなのである。

私と私ではないことを区分すること

次のような事例は、どうだろう。消極的で内向的な性格にコンプレックスを持っている女性がいる。生活が苦しいのも自分の性格のためだと彼女は信じていた。だが、ひとりっ子の息子は、彼女とはちがった。幼い時から活発で友だちの間でも人気があった。息子は彼女の自慢だった。

ある日、彼女と息子、それに他の何人かとで、一緒に食事をする機会があった。その時の息子の様子は、それまで彼女が思っていたのとは異なっていた。活発というよりも攻撃的で衝動的、母親に対しても自分勝手な振る舞いをするなど、自分を含む周りの人たちを困らせた。数か月後、彼女の息子は学校を辞め、家に引きこもってしまった。母親は心配し、理由がわからず当惑した。私は、そんな母親とじっくり話をするうちに気づいた。これまで彼女が話していた息子は、彼女が夢見ていた息子のことだったという事実に。

彼女は、幼少期をかろうじて切り抜けた生存者（サバイバー）だった。暴力的な父親から逃れるように一六歳で家出し、ひとりで生計を立てながら大学まで卒業した。温かい家族への憧れから結婚した彼女は、夫以上に子どもを持ったことに安らぎを覚えた。息子は、出来がよかった。学校では学級委員に選ばれ、友だちも多かった。経済的な厳しさと消極的な性格のせいで苦しい人生を歩んできた彼女にとって、彼は何より自慢の息子だった。

不思議なのは、息子が中学二年の時に三人の友だちから何度か暴力を振るわれていて、母親はその事実を知っていたのに、あまり深刻に考えず、ふだん通りに過ごしていたことである。思えば彼女は、その間も知人たちと会うたびに息子の自慢をしていた。一方の息子は、いじめに遭ってからというものすっかり攻撃的になり、友だちとの交流もなくなっていた。それでも彼女は息子のことを「社交的でリーダーシップのある人気者」だと思っていた。

息子が校内暴力に苦しむ間も、彼女は何も心配していなかった。息子の攻撃性を、リーダーシップのある大人への成長の証しだと捉え、衝動的な行動は、消極的な自分と対比して好意的に受け止めた。彼女は、息子を自分にとって都合のいいイメージに作り変えていたのだ。イメージを編集し直すたびに、母親のイメージと実際の息子との差はどんどん広がったが、母親はそれに気づいていなかった。

彼女は、自分が望む息子の姿を、実際の姿だと思い込んでいた。心の中で息子の姿を思い通りに変形させていた。変形させた息子の姿を通して、幸せな気分に浸っていた。彼女はずっと息子を評価していたが、現実には幼いころのごくわずかな期間以外、息子の本当の姿が目に入っていなかったのだ。息子に対する母からの賞賛と評価は、息子の「存在自体」とは関係のない、ただの独りよがりだった。

ひたすら息子のことだけを考え、息子を評価することに熱心だった彼女は、自らを共感力の高い母親だと信じて疑わなかった。だが彼女は、息子が死ぬほど苦しい思いをしていた時も、その気持ちとはいっさい向き合おうとしなかったという意味では、無情な母親だった。

自分の世界の中に閉じ込もっていた母親にとって、他者に対する共感など望めるはずもなかった。だから、息子が不登校になって家に引きこもってもわけがわからず、ショックに打ちのめされるだけだった。

人間関係にヒビが入るのは、互いの境界線に対する認識不足のせいである場合が多い。「この子は父親似だな」「この子は幼い時の私とそっくりだな」「この子は私とは正反対なんだ」といった言葉は、自分の子どもを親との関係の中だけで観察していることを意味し、「自分（たち）」と「（他の誰でもない）あなた」とを区別できない人のセリフである。息子の「存在自体」に目を向けない怠惰な姿勢である。他者に対するこうした姿勢は、大きな堤防に開いた小さな穴のように、いつか堤防全体を決壊させる脅威となるだろう。

4 上下関係にある相手に対しても健全な境界線を引くことはできる

職場や取引先との関係における境界線についても考えてみたい。自分より社会的な立場が上の者に自分から境界線を示し、何のトラブルも起こさずにやっていくことはできるのだろうか。縦社会の構造が強固な韓国で、人と人との間に健全な境界を設定すること自体、そもそも無理な話と思うだろうか。

結論から言うと、無理ではない。予測もつかない上位者の行動に下位の者が翻弄されがちなこの国においても、後者が健全な方法で境界を設定することはできる。むしろ、上位者の横暴がまかり通る社会であればこそ、かえって境界の概念が必要だ。国境がはっきりしない国では平和が維持できないように、「心」にも境界の概念がなければ安心して暮らせない。

境界という概念は、ただの理想ではなく、具体的で現実的で実用的なものである。職業上の人間関係においては「私」と「あなた」を上位か下位かで分類する傾向が強いが、心理的な人間関係においては、常にフラットと考えてよい。すべての人間関係が縦の構造を持っているわけではないという認識が、健全な境界の設定には不可欠だ。

強圧的な上司には沈黙するべきか？　それとも忠誠を尽くすべきか？

自分の部下に対して身勝手な上司は星の数ほどいる。また、そのことに不満を持っている部下も同じ数だけいる。実際、部下の話に耳を貸そうとせず、たとえ耳に入っても露骨に無視する上司、たまに口を開いたかと思えばハラスメントまがいの暴言を吐く上司は、枚挙にいとまがない。今やこの種の上司に耐えることが、社会生活を営むうえで義務のようになった感さえある。

「権威的な人」といえばそれらしいが、ようするに傍若無人なのであって、そういう人が他者の「私という存在」を脅かす人である。致命的に破壊的な人間だ。

若い会社員Aの上司もそういうタイプだった。Aは上司の前に出ると、ひたすらおとなしくしていた。できれば顔を合わせることも避けたいと思うくらい、いつもオドオドしていた。しかし、同じ職場で働いている以上、そのやり方には限界があった。そこで、一計を案じた。登山好きの上司を、週末、山に誘った。スノーボードも好きだったので、冬には平日の夜と週末にスキー場へ誘った。自身はそうした趣味をいっさい持ち合わせていないにもかかわらずだ。上司が望むことに自分を合わせれば、良好な関係が築けると考えたのである。

彼は、目的を果たせたであろうか。残念ながら、ダメだった。どれだけ上司の趣味に合わせても、上司を避けていたころと大きな差はなかった。上司がどうしようもなく横柄な人物だったからか。ちがう。関係の力学ですべての説明がつく問題ではない。そのような結果には、Aが引き寄せた部分もあるのだ。

Aは相反するふたつのアプローチを試みたが、結果は同じだった。相反するとはいったが、Aが試みたふたつのアプローチは実は相反するものではなく、同じ性質ものだったのだ。いずれも、そこに「私の存在」はなく、あるのは「あなた（上司）の存在」のみである。私に言わせれば、結果が同じなのは当然である。

初めAは、上司の前で口を閉ざし、顔を合わせることもできるだけ避けるようにして自分の存在を消した。その次にAは、上司の欲求を充足させる道具のごとく振る舞うことで、自分の存在を消した。上司にとってはどちらのAも、存在感がない。かつてのAは上司の機嫌を損ねないようにするだけ、最近のAは上司の欲求を充足させるだけで、

「自分」というものが希薄な存在だった。Aは、上司がその存在を尊重してやらなくても、勝手にこちらのことを「自己の中心」に据えてくれる便利な道具であり、心の支えだった。

生活を守るためにも、自分の「心」を守るべき

「本当の自分」を他者に認めてもらい、尊重してもらいたいと思っても、自らの境界を破り、積極的に他者の道具になることをその方法に選べば、挫折せざるを得ない。「私が心を砕いて頑張れば、相手も気づき、感謝してくれるだろう」というAの期待が泡のように消えたのは、当然の結末だ。

自らを透明人間扱いする人は、相手の認識の中でも透明人間だ。逃避することも忠誠を尽くすことも正解ではないとしたら、一体何が正解だろう。

Aのやり方とはまったく逆のことをするというのが、私の答えだ。「他者」が「私」をはっきりと意識できるようにするのだ。「あなた（上司）」もいるが、「私」もいるという関係を築いてこそ、解決のきっかけをつかむことができる。それは、無謀で危険なことだろうか。そうであるかもしれないが、それだけが唯一の根本的な方法である。「彼」

の認識の中に「私」の存在がある時のみ、彼と私の一方的な関係に歯止めがかけられる。非対称的で一方的な関係が、対称的で相互的な関係へと徐々に変化していくだろう。

適切なやり方で私の存在感を示したにもかかわらず、まったく通じない相手には、どうすればいいだろうか。何から何まで合わせてあげないと我慢がならず、いかなる対等な関係も築かせてくれない相手には、どうすればいいだろうか。そういう場合は、すぐにその関係を解消するのが得策だと私は考える。いつまでもその関係を続けていけば、自分のほうが壊れてしまうからだ。自分を守ることがなによりも先決である。

生活のためには、時に不本意と思えることでも我慢してやらなければならない。そう考えるかもしれないが、それはちがう。きちんと生計を立てていくためにも、そのような関係は断つべきなのだ。生きていく力とは、自分を守る力である。自己犠牲は緩やかな自殺行為である。境界を侵犯してくる人を恐れて、相手に合わせることだけしかしなければ、一時は命をつなぐことができても、彼を待ち受けているのは植民地における被支配民としての悲惨な生活である。

「でも、今後も顔を合わせ続けなければならない間柄なので、そういう上司とうまくやっていく方法はないのですか」と問われたら、再度私は答えるだろう。まず、質問自体がまちがっている。相手（上司）を絶対不変の存在とし、私（自分）をそれに合わせて変化しうる存在のように扱う不平等な構図の中で、私が正しく生きる方法を見つけ出すことはできない。上司を中心に置かず、私（自分）を中心に置いて質問し直すべきである。なぜなら、私（自分）の人生についての問題だからだ。

「このような状況において、私を上手く守るにはどうすればいいのだろうか」
「どうするのが私を守ることになるだろうか」

上司に気を配るのは、彼を喜ばせるためではない。自分を守ることが最終的な目的である。上司との関係にかぎらず、いかなる関係においても、それを維持すること自体が目的になってはいけない。たとえ親と子どもの関係であっても同じである（病気の親、障害のある子どもとの関係は、これとは別の問題だ）。

関係を維持する努力が必要なのは、その関係が喜びと楽しさと学びと成熟、省察の機会となる場合に限る。それが人間関係の本質である。自己犠牲と自己嫌悪に満ちた関係から、学びと成熟を期待することはできない。そんなものは、断たれて当然である。私の注意深い観察の結果からいっても、関係を断つことでうまくいくケースは意外と多い。関係を断つことが、断たれた相手にとっても自らを振り返る好機である。相手がせっかくの好機をフイにしたとしても、それはその人が支払うべき代価であろう。他の人が代わってあげることはできないのだ。

国家における国境のように、人と人との間にも境界が存在する。
国境警備隊が行っているようなことは、人と人の境界においても必ず必要である。
ところが人との間の境界は目に見えないので、守るのが難しい。
境界を認知できてこそ、自分も相手も、
互いを侵犯せずにいられるのだ。

＊

境界という概念は、ただの理想ではなく、具体的で現実的で実用的なものである。
職業上の人間関係においては「私」と「あなた」を
上位か下位かで分類する傾向が強いが、
心理的な人間関係においては、常にフラットと考えてよい。
すべての人間関係が
縦の構造を持っているわけではないということを認識できるだけでも、
上下関係を健全な関係へと変えることができる。

第5章

共感へのハードルを越える

――治癒を妨げる障害物は何か

1　共感者は「優しい戦士」でなければならない

映画やドラマに出てくる精神科医の多くは知的で鋭い目つきをしている。それが、大衆のイメージする精神科医の姿なのだろう。人の心を見抜いて正確に分析、解釈し、それに見合う助言をするのが治療の方法であり、それをする人が精神科医だとすれば、適切なキャラクター設定と言えるだろう。逆に、治療の本質が患者の冷え切った心に寄り添って温めてあげることならば、従来のイメージは変えるべきだ。

どのような資質の人が、心の傷で苦しむ人を、よりよく癒すのに向いているのだろう。優しくて繊細な人か、それとも、冷静で分析的な人か？　どちらでもない。いうなれば「優しい戦士」である。このような人が、心理療法に最も適した共感者といえる。誰かが共感を必要とする時には全力を挙げて優しい共感者であるべきだが、共感を妨げる人や状況と向き合った時には「戦士」のように戦うべきだから。そうしてこそ、共感の対象に迫ることができる。それができてからこそ、相手の「心」を正しくかつ多面的に理解し得る共感者となる。

共感の対象に達するまでの道の要所要所には、さまざまなハードルがある。家族や他者の無理解、無関心、非難の時もあり、巨大な壁のように立ちはだかる社会構造の時もある。傷を負った当事者自身が共感を妨げ合うことも多い。共感を阻むハードルがいかなるものであろうが、それにぶつかったら、断固として戦うべきである。ハードルを越えないかぎり、真の共感には至れない。そういう意味で、共感者は「優しい戦士」であるべきなのだ。

自分自身が共感を妨げるハードルになることもある

次のような例で考えてみよう。高校生の娘を亡くした母親が、買い物中に目眩《めまい》がして、今にも倒れそうだったので、急いで家に帰った。二か月前にも倒れていたので、もうこういうことがないように、何か新しいことを見つけて、少しでも心の痛みを忘れられればと思い、仕事に就いた。子どもが亡くなって二年ぶりに仕事に復帰した日、彼女は救護室に運ばれた。午前中に呼吸がうまくできなくなり、胸が張り裂けるような症状を訴えていた。彼女が私を訪ねてきたのは、その直後のことだ。彼女は自分がどんどんおかしくなってしまい、クズ同然に思えると言った。

「私はすっかり、おかしくなってしまいました。何の価値もありません」と泣き崩れる彼女に、私はこう言った。

「アルミ（子どもの名前）ちゃんが亡くなって、アルミちゃんの母親がおかしくならないのなら、いったい誰がおかしくなるというの？　娘が亡くなったのに、毎日元気よく暮らす母親がどこにいるでしょう。おかしくなったっていいじゃないですか、母親なんだから！」

悲しみのために立ち直ることができない自分に対し、「おかしくなった、人間のクズのようだ」と責め立てている母親に対し、私は毅然とした態度をとった。

「あなたは、子どもを亡くして苦しんでいるお友だちがいても、人間のクズだ、おかしくなったと言うつもりですか？　そんなことはしないでしょう？　他人に言わないような汚い言葉を、なぜ自分には平気で使うのですか。自分に謝るべきですよ！」

私は語気を強めた。

その瞬間の私は、傷ついた彼女の心を理解しないで強い言葉を投げつける不人情者であろうか。もちろんちがう。「狂いそうな気持ちが当然と思っているその心」に対し、「おかしくなった女」という厳しいレッテルを貼りつけた彼女の反共感的な思いを真っ向から否定したのは、彼女の苦しみに無限の共感を示すためだ。共感を妨げるハードルをひとつ取り除いたのである。私は、「一体誰が狂った女でしょうか。何ごともなかったかのように元気よく生活していたなら、そのほうが狂っていますよ。そのような状態にならざるを得ない自分を、なぜそんなに責めるの。死ぬようなつらさが、あなたを息苦しくさせているのです。それをなぜ、悪いこととしか見ないの？」と伝えたかったのだ。自分の苦しみに共感できず、評価者の立場で厳しく自分を責め立てている、彼女自身が心の中に築き上げたハードルを標的にしたのである。

共感は、相手の言葉を無条件に肯定することではない。傷ついて誰かからの共感を切実に求めながらも、いつの間にか共感を妨げるハードルに自分自身がなったりもする。自らが自分の「心」に対するアンチ勢力となるのだ。そうやって、さらに苦しみの沼へとはまり込んでいく。そうなってしまった時は、共感者が断固とし立ち向かうべきである。

何に対して優しく、何に対して断固立ち向かうべきなのか

日常的な事例をひとつ取り上げてみよう。我が家の過去のケースである。息子のひとりは言葉の習得も知能の発達も遅れていた。社会性にも欠け、友だちとの付き合い方もわからなかった。何をするにも時間がかかり、ごはんを食べるのも箸で飯粒を数えるようにしていた。家で食事をするぶんにはいいが、問題は外食をする時だ。

とくに庶民的な中華料理店や定食屋のようににぎわっているお店では気を遣った。そういう店に家族で入る時は、「私たちの子どもはごはんをとてもゆっくり食べます。一時間を超えることもあるかもしれません。席の回転が悪くなるなら、私たちが負担します。だから促したり嫌な素振りを示したりしないでください」と予めお願いするようにした。家族はみんな、談笑を楽しみながら、その子が食べ終わるのを気長に待った。

店員の目を気にして、子どもに早く食べろと促しても、その通りにいかないことはわかっている。少しは早く食べ終わるかもしれないが、そのくらいのために子どもを不安がらせても意味がないと、私たち夫婦は考えた。少し発達が遅れている程度なら、周囲

の理解を求め、尊重してもらうことが普通である。かといって、それが原因で店が損害を被ることまで要求する権利は、客にもない。前記のお願いは、私たち夫婦が考えた末の選択である。

後日、私の友人がその話を聞いて、自分なら「早く食べないと迷惑がかかる」と、子どもに催促しただろうと笑いながら言った。私たち夫婦はその状況で、子どもの立場を常に値の変わらない「定数」、店のご主人をいろいろな値が取れる「変数」と見なしたが、友人は店のご主人の立場を「定数」、子どもを「変数」と見なしたのである。私たち夫婦は、子どもには「優しく」、お店のご主人に対しては（この場合、本当に戦うわけではなく、問題解決に向けた話し合いを試みるため対峙するという意味での）「戦士」の役割を果たしたのである。一方、私の友人は、店のご主人の立場を優先的に配慮するという意味で「優しく」し、子どもに対しては問題解決を要求するという意味で「戦士」であろうとした。

両者がともに理解され、尊重され、不当な待遇や不必要な要求を受けることもなく、傷を負わないようにするには、どこで優しくなって、どこで戦士になるべきなのかを、よく考えるべきである。そうでなければ、加害者がいないにもかかわらず、すべての人が被害者になってしまうことだってある。優しくなるべきところで戦士になったり、戦士になるべきところで優しくなったりして、誰も望まない結果を見ることだけは、避けたいものである。

2　よい感情vs悪い感情

自分に十分共感しながら、同時に他者に対しても十分共感できる人にはめったにお目にかかれない。他者に共感できる人は割と多いのだが、同時にその人自身が十分共感される「存在」であると、自信をもって言える人はきわめて少ないはずだ。

誰もが共感し、共感されて生きることを願うのに、実際はその通りにならないのは、共感の何たるかを正しく知らないせいもあるだろうが、それ以上に共感を阻むさまざまなハードルのせいだろう。そうしたハードルを上手に乗り越えてこそ、共感の対象にたどり着くことができる。共感し、共感される人生を送りたいのなら、ハードルの正体を知るべきだ。典型的なハードルのひとつは、感情についての社会通念である。

自分の本心を口にすることを幼稚だと思う人は少なくない。感情を露わにするのは未熟な人間のやること。だから、感情はコントロールの対象というわけだ。感情のコントロールが上手にできてこそ大人。感情は理性でいくらでもコントロールできるものと、多くの人が信じている。だが、これこそが、人の心について最も広く誤解されている危険な社会通念なのだ。そのような認識のせいで、私たちは毎日のように大きな代償を払い続けている。一体私たちはどれだけの犠牲を払いながら、暮らしているのだろうか。

自分は、情熱と怒り以外の感情を意図的に抑えてきた。二〇年余りにわたって市民活動に携わってきた後輩と長い時間話をする機会があった時、彼女はそういう意味のことを私に告げた。世の中の正義と共同体の価値を守ることに命を燃やしてきた彼女は、情熱と怒り以外の感情を必要としてこなかったのであろう。彼女にとって不安や後悔は、自分を消耗させるだけの感情であり、害をなすと考えた。そのような価値観は、節度があって有能な市民活動家として成長する際の、重要な下地になっているという。情熱と怒り、そのふたつ以外の感情は、出産をこれ以上望まない女性の生理のように、彼女にとっては悩ましいものであったのかもしれない。なくても支障はないし、むしろ、ないほうがいいのに！……と。

そのようにして生きてきた後輩の信念が揺らぎ始めたのは、出産を経験してからだ。ふたりの子どもの世話をめぐって姑と揉めることに疲れた彼女は、やがて子どもたちにも苛立つことが多くなったという。なんとか鷹揚にかまえて生活を乗り切ろうとしたが、うまくいかなかった。苛立ちと自己嫌悪の狭間で揺れる中、ふたりの子どもが順番に体調を崩すと、彼女の中で罪悪感がどんどん膨らんでいった。

肯定的な感情だけがいい感情なのか

後輩の心は大きく乱れた。自他共に認める鷹揚な性格の持ち主に似合わない、この感情の正体は一体何だろうと彼女は訝《いぶか》った。自分は結婚生活に向いていないのに、結婚するという間ちがいを犯してしまったことに問題があったのでは？　そんな考えも頭をよぎり、ますます混乱した。

だが、私に向かって話をするうちに、彼女はその混乱が、自分に馴染みのある情熱と怒りとは異質の感情を覚えることが多くなってから始まったという事実に気づき始めた。彼女は、姑と夫、そして子どもとの間で生じる葛藤自体よりも、その過程に生じた自分の（格好悪いと思わざるを得ない）感情に振り回されていたのだ。

実をいうと、彼女と同じような問題に悩まされている人は意外に多い。それによって消耗されるエネルギーの量は相当なものだ。自分では、その感情の実体がつかめていいないので、どれだけ大きな代償を払わされているのかわからない。タンクから燃料がザーザー漏れる自動車みたいなもので、これではすぐにガス欠を起こす。

彼女の混乱は、自分の社会的役割と自分自身とを、過度に同一視した結果である。社会的、職業的な役割は、ＴＰＯに合わせて着替える服のように、その時々の状況と前提条件に合わせて異なっていくものである。脱ぎ着する服と、「私」の本体は別物だ。苛烈な市民活動家であろうが、家長や長男・長女といった立場をなんとか守りながら生きている人であろうが、その役割ゆえに湧き起こった感情は、ただの服にすぎない。状況と前提条件によっていくらでも変わるべきである。実際、変わり得るのだ。

それにもかかわらず、私たちは、よい感情と悪い感情とを対立構造で捉える傾向がある。よい感情は受け入れるが、悪い感情と思われるものは消したり、抑えようとしたりする。たとえば、後悔や苛立ち、無気力、不安、恐れなどは悪いもので、無くすべき感情だと思う。一方、愉快、前向きなどは、よい感情だと思っている。そして、後者の感情を励ましてさらに強化することが当たり前だと信じている。悪い感情をよい感情へとうまく転換させせられる人が、メンタルの強い人だと考えている。

それならば人は、肯定的な感情だけを持って生きるべきであろうか。ちがう。生きていれば、よい時もあるが、そうでない時もしょっちゅうある。肯定的な感情が、すべてにおいて良いともいえない。というのも肯定的感情は、時に都合のよい自己解釈や自己欺瞞からきている可能性があり、場合によっては自己を省みることを怠っている証拠かもしれないからである。

自己に向けられた省察が、根源的な問いを投げかけている時、人は自分に不安を覚えるものだ。だが、これは自らが置かれた状況を多面的に捉える中で芽生える、避けようのない感情である。深い省察を通じて、複雑な何通りもの道を模索し、統合していく過程は、不安を前提に進行するものなのだ。

そうした過程を経て、人の「心理的基盤」はより強固になる。その時経験する不安は、むしろ健全な感情であり、必須の感情である。健全な不安を抜きにして、深い省察はあり得ないのだ。よい感情が常によいものではないように、否定的な感情も、常に悪いわけではない。感情の持つ意味は、固定的なものではなく、状況次第で決まってくるものなのだ。

感情は今の「私」の状態を指し示すバロメーター

これまで見てきたように、感情は、よし悪しや是非といった二分法で判断すべき対象ではない。あくまでも、今の心の状態をありのままに示すバロメーターであり、シグナルである。私の頬をなでる風の流れ一つひとつに固有の名前をつけたり性格を与えたりすることができないように、絶えず変化し続けている感情は、私の心の状態を時々刻々と反映する。

すべての感情には理由がある。だからすべての感情は正しい。今の私が不安を感じているなら、「そんなふうに思ってはいけない」などと考えるのではなく、「私は今、不安なんだ、なぜだろう」とじっくり自分の心と状況について考えるべきである。

腹痛で診療所を訪ねると、腹痛の原因がわかるまで鎮痛剤はもらえない。腹痛の原因によって治療法がまったく異なるためである。盲腸炎の症状なのか、胃穿孔が原因なのか、それとももっと他の何かなのか。それを突き止めるには、腹痛の様相や進行具合を詳しく調べなければならない。患者がのたうち回っていても、それですぐに痛み止めの薬を処方したり注射を打ったりする医者はいない。正確な診断を下すことが、何よりも優先されるのだ。

不安を覚えている人に安易に精神安定剤を投与すると、その不安を引き起こす根本的な原因から目を逸らすことになり、ひたすら薬に依存する状態が続いてしまう。こうした事態を避けるには、その感情（この場合は不安）が何を意味するシグナルなのかを根本的に探る必要がある。そうやって不安の正体へ近づいていくうちに、正しい解決方法を見つけ出すことができる。

よい感情であろうが、悪い感情であろうが、その時々ですべて正しい。どの感情も、尊重されるべきなのである。表面的なことだけで感情を肯定と否定とに二分する考えは、「存在の核心」に近づくこと、すなわち共感の大きな妨げとなる。

「適正心理学」をテーマに何回か話をするセミナーで、出席者の母親が私に尋ねた。

「息子との関係をじっくり考えたあとで、私はずっと息子にかまい続け、自分の考えを押しつけてきたことに気がつきました。その自覚があるため、息子に対してどうしても萎縮してしまい、今ではすっかり元気をなくしてしまいました。どうすればかつてのエネルギーを取り戻せるでしょうか？」

私は笑いながら、彼女に問い返した。

「かつてのエネルギーを取り戻して、どうしようというのかしら。また子どもにガツンとやりたいと思っているのですか？　あなたがこれまで息子さんに余計な力を注いでいたと思うなら、その気持ちをもっと大切にしてください。そうすれば、これ以上過去にとらわれることはないでしょう。どうか思う存分萎縮してください。エネルギーを高めようとしないほうがいいですよ」

感情は、判断や評価、コントロールの対象ではない。「私という存在」の状態についての、自然なシグナルである。よい感情であろうが、否定的な感情であろうが、「私の感情」は常に正しいのだ。

悲しんでいることを悪く思う人がいないだけで幸い

次に紹介するのは、セウォル号事件で犠牲になった学生たちの幼なじみや中学時代の友人たちに光を当て、彼らの数年間におよぶ心の動きを追ったドキュメンタリー『友だち：隠れていた悲しさ』（イ・ゾンオン監督、二〇一七年）の一場面である。犠牲になった学生の友人が、自分の話に耳を傾け、一緒に涙を流してくれた「共感記録団」（訳注：セウォル号事件の被害者である若者たちの、心の傷を治癒するためのドキュメンタリー制作に参加した青少年の組織で、著者であるチョン・ヘシン氏がつくったもの）の友だちに語っている。

「ここでは、私が悲しんでいることを悪く思う人がいないだけで幸いです」

このドキュメンタリーを見たあるカウンセラーは、かつて自分の友だちから言われた、「私は、きみがしょっちゅう泣くから嫌になる」という言葉を思い出したという。そして、映像に登場する友人のその言葉に、これ以上ないくらい癒されたと涙ながらに語ってくれた。

親友を失った若者の「私が悲しんでいることを悪く思う人がいないだけで幸いです」という言葉。奇妙で、本当に胸が痛む言葉だが、よく考えると、似たようなことは私たちの日常で頻繁に繰り広げられている。

「もういい加減、落ち着いたでしょう、あなたの家族が死んだわけでもないのに、大げさじゃない」などが、友人を失った子どもたちにとっては悲しんでいるのを悪いことと思わせる言葉である。このような空気の中で生まれ育ってきた私たちは、実際、悲しんでいるのは悪いことだと無意識的に思っている。情緒的欲求と情緒的欠乏を補い、人生の活力を十分に確保することが、きわめて困難な状況にあるのだ。

あるカウンセラーは、悲しみ苦しんでいる人の話を聞いている間、自分も涙が出てくるのを抑えるのに必死で、話の脈絡を見失いがちだと語った。悲しみを抑えられない自分を無能と考えるカウンセラーが、自分の涙をどうにかしようともがいて、かえって大事な話を聞き落としていたのである。

私は彼に話した。私は、悲しくて苦しい話を聞いているうちに、涙がにじんできたり、ポタポタと流れ落ちてくることが多いと、そうなっても大丈夫だと。当惑するほど込み上げてくる涙でもなく、錯乱するほどの涙でもないから、私の涙が話者の心を居心地悪くすることはなく、相手の話を止めることもないだろうと。話をする人が申し訳なく思ったりすることもないと、むしろ自分の苦しみに深く共感する証しと感じ、心をより開いて、深い話をするようになると。そしてその涙は、相手の心理的戦場に私も赴いてともに戦う者であることを示す証明書のようなものであると。

悲しむのはいけないことだと思わないだけで、心の傷を打ち明ける者と、それに耳を傾ける者とが共有する時間は、どちらにとっても癒しの経験となる。私の場合、話を聞きながら一緒に涙を流すと、自分の心も浄化された感じがする。私と異なる周波数を持っている人の音を聞いているうちに、ある瞬間から互いの周波数が一致して雑音が消え、明瞭な音声だけが聞こえてくる。無駄にエネルギーを消耗することがなくなり、清澄な安らぎを覚える。

そうなれば、対話もスムーズになる。相手とひとつのサーフボードで波に乗り、ゆらゆらと揺れながら呼吸を合わせるような感覚だ。全身の力がすべて抜けても、危険なことは何もない。霧が晴れて地平線の果てまで見通せる感じなのだ。共感は人を動かす最も素早い力だと思う瞬間だ。

3　満たされない愛の欲求

愛と承認にかかわる欲求を突き詰めれば、「愛されたい」という欲求である。「承認欲求」は、「愛されたい」という欲求の、幼児期以降におけるバリエーションと考えられる。人は生まれてから死ぬまで、常に愛を渇望する。そこに例外はない。欲求の表現の仕方が洗練されていったり、欲求の対象が異なったりすることはあっても、総量自体は減らない。減ることはありえない。

愛の欲求が一生休むことなく、安定的に満たされてこそ、人は生きることができる。どんなに自動車の性能が向上してもガソリンや電気などの動力源なしには一ミリメートルも動けない。体が酸素と栄養という動力源で動くように、心は愛の欲求が満たされてこそ動くのだ。愛と承認なしにはまともに生きていけない。年齢、知識、経験、省察がいくら深い人も、愛されなければ心が歪む。正しく作動しない。それは、ひとつの法則である。経験や知識は役に立たないのだ。

愛の対象は、年を重ねるにつれて両親から学校の先生へ、友だちや異性の友人から配偶者や上司へと移っていく。さらに年をとると、子どもや後輩に愛してもらうことを望んだりする。対象は年と状況によって絶えず変わる。しかし、欲求自体は変わらない。欲求が満たされなければ、さらに欲求が強まっていく。

一定の年齢に達すれば、愛の欲求に振り回されることなく、品格をもって生きられるようになると考えるかもしれない。そのように「見える」人はたしかにいるが、それは欲望を上手く抑制できているとか、欲望自体が減っているとかということではない。むしろ、そのような人はすでに愛と承認を得て、そうなった可能性がある。だから欲求にあえてしがみつく必要がないのだ。一〇日間何も食べていない人が料理を前に品格を保つことはできない。食べることに余裕があればこそ、品格が保てるのだ。欲求が満たされれば、人はそれほど貪欲でなくなる。

最も難しい人生の課題、愛と共感の関係づくり

人の身分は努力や才能、財力などで構築することができるが、愛の欲求を一生安定的

に供給してもらうのには人間関係に関する高い能力が必要となる。恋人や配偶者、息子たちにありのままの自分を愛してもらうことは、財力や権力とは別の能力である。自分とは異なる存在との間で共感的な愛情関係を維持することは、人生の動力源を確保することに等しい。だが、愛の供給を一生絶やさないようにすることは、世の中で最も難しい課題のひとつだ。この単純なことが、実は最も難しい。多くの人たちが、その人生においてつまずくところである。

カウンセラーたちを対象とする共感についてのワークショップで、勤続二〇年のカウンセラーが意外な告白をした。

「私は、これまで自分の心について話すことを、ぶつぶつと泣き言を並べることだと思っていました。実は、私が人を大変嫌っている人間だということにも気づきました」

それがカウンセラーとしての欠格事由になりえることを理解したうえでなされた、自らを鞭打つ言葉だった。その人は、人の心が常に正しいということ、人を存在自体で受け入れ共感することが治癒の根幹だという自明の理が、恐ろしいくらいに難しく感じられるとも言った。

次の日の夜明け、私は彼女から長いEメールをもらった。

「夫を早くに亡くして苦労した母を助けたい一心で、これまで生きてきました。早く大人になってお金を稼ぎたいと思いました。〝お母さんの生活を楽にさせてあげよう〟との思いで生きてきました。ところが、母は、私が大人になる前に世を去りました。私は、父親と母親の愛情を感じることができないまま生きてきたのです。私は子どものころ、一度もわがままを言わず、甘えることもできなかったことを改めて思い出しました。

母を悲しませないように、優しい子でいようと思いました。小さい時から自分で服を着替えたし、宿題と勉強のほかに家事の手伝いも率先してやる、大人びた子どもでした。それが、生きる力になると考えていました。ところが、いつの間にか私はそういう生き方を、ぶつぶつ文句を言わずに自ら進んでやるべきことをやる独立した大人の生き方を、私の子どもたちや他の人たちにも強要していました。それが当たり前のことと信じて疑わなかったのです。

私はこれまで一度も、ありのままの自分について考えてはきませんでした。周りの人たちの目を気にして、彼らが満足するように振る舞うばかりでした。だから、不平や不満を言ったり、問題が生じるとすぐに癇癪を起こしたりする人たちをまったく理解できませんでした。私は自分の心、自分の感情を表すのはいけないことだと思っていたのです。感情をむき出しにするのは、愚かで情けない人がやることと決めつけていました。愚かにも、私はなんでも自力でうまくやれる独立した人間だと信じていました。しかし、そうではなかったのです」

翌日のワークショップで私はこのメールを、匿名を条件に本人の同意を得たうえで公開した。すると、参加者たちが似たような告白を次々と始めた。

「自分で原因をわかっていながら、相談者が問題行動を変えようとせずに文句ばかり言い続けるのには、どうしても共感できない」

「愚痴ばかり言う人に会うと、もういい加減にして、自分が何をやるべきかを考えてほしい！　と、厳しい態度で接してしまう」

「自分の問題は自分で受け止めるべきだと内心思ってしまう私が、よりによって人の相談に乗る仕事に就いているなんて、皮肉でしかありません」

他者が抱える心の問題を共有し、共感することは、専門家であっても簡単ではない。感情労働のように耐えるしかない場合や、見当ちがいのことで空回りする場合も多い。共感は単純だがこの世で最も難しいことなのかもしれない。

関係が深くなるほど、共感が難しい理由

専門家たちだけではない。愛する相手ほど共感に失敗する確率は高くなる。関係が深くなるにしたがい、人は誤解し失望し、互いに相手を傷つける。相手に対する欲求の強さがそうさせるのだ。

隣人に対しては親切で思いやりがあるのに、自分の配偶者に対して同じことをしようとすると途端に難しくなる。関係の浅い人には、特別な期待や要求をしないが、身内にはそうもいかない。親密な彼および彼女に特別な欲求と欲望を満たしてほしいと思っており、その欲求の大きさだけ挫折や欠乏の感情も大きくなるのだ。遠い存在に対してより身近な存在に対して寛大でいられないのは、当然である。

友人にお金を貸したら、返してもらうのを当たり前だと思う。それが、返す当てはあるのに、返済する意思を見せないとなれば、もう二度と貸そうと思わなくなるだろう。

返されるべきものが返らず、奪われる一方なのは、悔しくて腹の立つことだ。相手が返すべきものを返さず、ずっと要求ばかりしていることに対するもどかしさや不満。まさにこれが、親密な関係にある人に対して私たちが持つ感情である。自分だけが家族や恋人にそのような感情を持っているのではなく、自分の家族や恋人もまた、私に対して同じ感情を持っている。

だから、互いに貰えるものがあると信じるふたりが、互いに相手を深く受け入れ共感するのは難しいのだ。世の中で最も愛した家族や恋人が、最も恨めしい存在になるのである。

それでも愛され承認されることを諦められないのは、このような欲求と欲望が満たされなくては、人生が正しく進んでいかないからである。互いの欲求をうんざりすることなく、非難もせず、正面から向き合って、喜んで充足し合うことが、人生の動力源を補給する唯一の方法なのだ。この問題を持ち越すことも、その法則に背くこともできない。動力源なしで走れる自動車がないのと同じことだ。

4　私の中に残っているコンプレックス

水泳ができないことをコンプレックスにしている男性がいた。大学のサークル合宿に参加した時のことだ。ある女子学生が海で溺れ、彼を除く先輩や後輩の男子学生らが救出した。誰も彼を責めはしなかったが、彼自身がそれを苦にし、それがきっかけでさらに水への恐怖が増した。

今では年子の息子ふたりを抱える彼は、子どもが伸び伸びと自由に育つことを願っている。課外授業や塾を強制したことはない。ただし、水泳だけは必ず教えるべきだと考えた。そのほうが、大手を振って世間を歩けると信じていた。子どもたちが宿題をしなくても、試験がダメでも寛大なのに、水泳の講習を一回でもさぼると烈火のごとく怒った。

堂々と生きるために学ぶべきは、水泳だけではないだろう。にもかかわらず、彼は水泳に限って合理的な思考ができていない。本当に水泳を学ぶべきは、彼自身である。今の彼は、長い間飢えていた人が自分が食べるべきごはんを、お腹いっぱいの他の人に無理やり勧めているようなものだ。

彼だけではない。私たちの心の中にも、彼の「水泳」に相当するコンプレックスがある。コンプレックスとは、ふとしたきっかけでそれが思い出されると強い感情が誘発される、ふだんは意識下に抑圧された観念のことだ。彼の水泳は正確に言えば「劣等コンプレックス」と考えられ、日頃は融通が利き度量も大きいのに、水泳をめぐる話になると、周囲が理解に苦しむほど怒りっぽくなったり、意地を張ったりする。人はコンプレックスが強まると、他者に対する共感が難しくなり、時には人が変わったように興奮し、共感どころか甚だしい拒否感を示すことさえある。

自分に対する省察を抜きに、他者の心に共感することはできない。他者に対する共感と自己省察は、ちょうど自転車の左右にあるペダルのような関係だ。一方が回らないと、もう片方も回らない。そうなれば自転車は止まり、倒れてしまう。自己に対する省察が止まった瞬間、他者に対する共感も停止するのだ。逆もまた真である。自己省察の不在は、共感を妨げるハードルになる。

「後悔したり、弱音を吐いたりするな」

共感についてのワークショップに出席した、ある人が送ってきた手紙である。

「私の息子は、小学生の時までは、大変明るく、活発な子どもでした。それが思春期以降、口数が少なくなって友だちとも疎遠になり、家で引きこもる時間が長くなりました。高校に入ってからは料理を学び、中華料理と韓国料理の調理師資格証を取りたいという目標ができました。私と夫は息子の選択を尊重し、励ましました。息子は台所で小麦粉と格闘しながら、餃子と酢豚を作ってくれました。本当に美味しく、とても満足した私と夫は彼を褒めました。ただ、そうした中でも息子が放さないものがひとつだけありました。パソコンゲームです。従兄弟が遊びにくると、幼い年下の従兄弟とパソコンゲームをやって、喧嘩をしたりするのには感心しませんでした。

高校二年のある日のことです。従兄弟たちとパソコンゲームのことで激しくもめているのを見た瞬間、私は理性を失い、自分でも知らないうちに子どもの頬を打って〝恥ずかしくないの！〟と怒鳴りつけていました。息子は部屋のドアに内側から鍵をかけ、中で泣いているようでした。私は、大きくなった息子の頬を打ったことを後悔しましたが、謝る気にはなれませんでした。気を引き締め直し、早く勉強に集中することを願っていました。

翌日、息子は私に手紙を渡してから学校に行きました。手紙の文字は赤ペンで書かれていました。涙の痕が滲むその手紙は、自分は料理ではなく、パソコンゲームに専攻を変えたい、自分の選択に絶対後悔しない自信があるという内容でした。自分が本当にやりたいことはパソコンゲームなのに、それを両親に話すことができなかったというのです。

私は息子が、ただゲームで遊んでいるだけだと思っていました。それが彼の勉強や将来と関わりがあるものとは考えていなかったので、止めさせようとしかしませんでした。黒ではなく、赤いペンで書かれた手紙に衝撃を受けました。それで夫と話し合い、息子のやりたいようにさせようと決めました。数日後、私たち夫婦は彼の決断に、〝お前の行きたい道に進みなさい。ただし、後で後悔したり、弱音を吐いたりしてはいけないよ〟と、条件付きで同意しました。今にして思えば、まちがった同意の仕方でした。現在息子は、大学でコンピュータを専攻しています。

〝存在自体〟に共感することの大切さを学んでからというもの、私はあの手紙の赤い文字が、喉に刺さった魚の小骨のように心に引っかかっています。息子の頬を打ったことを誠心誠意謝ることができなかったこと、彼の意思を尊重したのではなく、渋々同意したこと、〝後悔したり、弱音を吐いたりするな〟と条件をつけたこと。それらが今も息子と私との間に、共感を妨げる巨大な壁として立ち塞がっているのです」

私は、この手紙の送り主から同意を得て、匿名という条件でワークショップの出席者と内容を共有し、じっくりと話し合った。

ワークショップを開始するにあたって、まず私は、この手紙を書いた母親が、その当時は謝ることができなかったとしても、一〇年後、二〇年後の謝罪にも十分に意味があるので、今からでも遅くない旨を告げた。それは決して、形式的な慰めの言葉ではない。

私は、彼女に私の考えをこう伝えた。

「母親が、ずっと謝りたいと思いながらそうできず、喉に刺さった小骨のようにずっと心に引っかかりを覚えながら長い時間を過ごしてきたが、今日こそ本心を打ち明けたいと言えば、子どもの心にもちゃんと響くでしょう。自分を殴ったという事実のために、母親がそれほど長い間苦しんでいたとわかれば、子どもの気持ちが和らぐでしょう。母親から傷つけられ、そのために関係が悪くなってしまったのに、それを当の母親がすっかり忘れていたとしたら、逆に子どもはもっと傷つくでしょう」

私は、こうも伝えた。

「母親が自分の傷を気にかけてくれていたことを知った子どもは、それだけで安心するでしょう。たとえ謝罪が遅くなったとしても、子どもの傷は以前よりずっと軽くなり、以後の母子関係に必ずいい影響を与えるでしょう」

息子に渋々同意し、条件を付けたことについての私の考えも話した。

「後で気を変えるな。後悔したり、弱音を吐いたりするな」のように強制的な誓約は、子どもの退路を封じることになる。進路変更の回数を制限する法律があるというのか。そんなものはない！　職業は、いくらでも変えることができる。一〇回でも、二〇回でも変えてよいのだ。そうしてはいけない理由などない。

進路を変えることが、怠けているとか、根性がないとかの証拠にはならない。進路を変える人は、悩んでいる。その悩みの中には、「なぜ、私はひとつの仕事を落ち着いて我慢強く続けられないのか」というものも含まれているかもしれない。それが、人間というものである。当事者は、そのような自分に対し、他人などより、よほど責める気持ちを持っているかもしれない。そんな悩める人に、「後で後悔したり、弱音を吐いたりするな」などと強い調子でいえば、さらに追い込むことになる。それは、子どもを鉄窓の中に閉じ込めるも同然だ。

韓国では、昔、娘を結婚させる際に、「その家の鬼になれ」と娘の退路を絶つかのような野蛮な言葉を言うことが横行していた。夫に殴られようと、嫁ぎ先で人間扱いされまいと、実家に帰ってきてはならないという親の考えのために、どれだけ多くの女性たちが非人間的な生活を強いられたことか。親が、娘の人生の退路を封鎖したのである。親たちは、その言葉がどのような意味を持つのか、本当にはわかっていなかったのだ。

退路を断たれた人生で、いったいどうしたら人間らしく過ごせるだろう。子どもを自分たちが望む方向へ強迫的に導くのが親の役割だとする暴力的な時代は、もはや過去のものだ。過去のものとして、終わらせるべきだ。

私は、もし私の娘が今結婚するなら、「あなたの心がその結婚に違和感をおぼえたら、いつでも帰っておいで。あなたはこれまで、愛をいっぱいもらって成長してきた。立派に成長したあなたが判断することなら、それはいつも正しい。私とお父さんは、かならずあなたの支えになるよ」と言うだろう。実際娘には、そう話した。私のこのような考え方が、離婚を唆《そそのか》すことになりはしないかと心配する人もいるかもしれない。だが、そんな心配は無用だ。親の言葉に影響されたからといって、夫婦関係を簡単に解消する娘などどこにもいない。大事なのは、絶対に信じてくれて、支持してくれる親が、いつも後ろに控えているということが娘に伝わっているかどうかだ。そういう存在が身近にいれば、どんなに苦しく悩める状況でも、多くの選択肢の中から合理的な解決策を選び出すことができるだろう。

人は自分が安全だと、心強い味方がいると感じればこそ、自分の置かれた状況を客観的に合理的に考えることができる。だから、私は言いたい。共感に制限を設けたり条件を付けたりする必要はない。愛する人とは、自分が信じる存在のことである。共感は、愛し合う者同士が果たし得る、最も重要な役割である。子どもがどのような選択をしようとも、親が全身全霊で信じてやれば、子どものほうでかえって「あまりにも性急に事を決めようとしているのではないか」と真剣に悩みだすかもしれない。安心と心強さがあるから、多面的で正しい省察ができるようになるのだ。

実家の母親とずっと仲が悪い中年女性がいる。一〇歳の時、ピアノが弾きたくて母親にピアノを買ってとせがんだ。母親は必死になってピアノを買ってくれ、三、四か月くらいは楽しくピアノを弾いていた。だが、徐々に興味をなくし、結局ピアノから遠ざかってしまった。

その後、母親は、「自分からやりたいといったくせに」と何度も繰り返した。彼女が何か他のことをやりたいと言えば、「どうせまたすぐに投げ出すんでしょう」と嫌味を言った。何度かそういうことがあって、そのうち彼女は母親にいかなる要求も頼みごともしなくなった。「自分からやりたいといったくせに」「どうせまたすぐ投げ出すんでしょう」という言葉が、いつまでも頭から離れなかったからだ。

どんな選択を何十回、何百回としても、それを取り消したり、変えたりすることができる。何回までという決まりはない。回数は人によっても、状況によっても異なる。それを認めてあげるべきだ。十分な承認を受けた人は、かえって早く安定的に、最終的な選択へと至るだろう。

隣で誰かがせっつかなくても、「私が選択したことには、私が責任を持つべきだ」と、自覚をもって一生懸命に取り組むのが人間である。わざわざ教えなくても、それは、空気のように社会に浸透した命題である。愛する人がひとつの選択をしたら、周りの者は見守り、必要なサポートをするだけだ。それによって本人に余裕が生まれ、正しく判断できるようになるだろう。その結果下された判断こそが、最良の判断なのだ。

「息子の退路を封じた」と告白する母親にとって耳の痛い話をした私は、その日、「優しい戦士」になろうと決めていた。息子によりよく共感することを妨げていた彼女の考え方に対し、戦士となって戦ったのである。私は、彼女の心を傷つけるのではなく、息子を傷つけ共感することができなかった彼女の判断に対し、戦士として対応したのである。その後、彼女が再び手紙を送ってきた。

自分に向けた激励の言葉が子どもを傷つけていた

「〝子どもの退路を封じてしまったのだ〟〝子どもを鉄窓の中に閉じ込めたも同然だ〟という先生の話を聞いて、心臓が止まる思いでした。私は本当に意味もなく子どもを責め立てていたという自責の念に駆られました。

私の手紙の内容を聞いている他の方々が涙を流している様子を見ました。自分の両親からも心のこもった謝罪の言葉をひと言でも聞きたかったという話をその方々から聞いて、私も知らずに涙がこぼれました。〝人は、こんなにも切実に悲しい思いで生きているのか。私の息子もそうかもしれない。心の傷に苦しんでいるにちがいない〟という、後悔と申し訳なさで胸がいっぱいになりました。その日以来、息子に全身全霊で謝るべきだとの思いが私から離れませんでした。

一方で、私が息子に対して言った〝望んでいるならやりなさい。ただ、後で後悔したり、弱音を吐いたりしてはいけない〟という言葉は、かつて私が自分自身に送ったものであったことにも気づきました。二〇代のころ、私はデモに参加し、警察に連行されました。その後、別の社会運動にも参加し、そこでも拘束されました。それらの時に、私の家族から聞いた言葉が今でも忘れられません。家族は、〝今後も、そのようにして生きるつもりなのか〟と叱責の混じった質問をしてきました。社会運動の現場を去った昔の同僚たちも〝まだ、そんなことをしているのか〟という冷たい言葉を、私の心にナイフのように突き立ててきました。そういう時です、〝これが私の生き方だ。絶対に後悔しない！〟と自分に言い聞かせたのは。

自分を奮い立たせるための言葉が、息子の心を乱暴に傷つけていたのです。私はそのことにも苦しみました。そして、中秋節の連休が終わる前に謝ろうと決心しました。息子に、話し合いたいと連休の最後の日に伝えました。〝何の話？〟と聞いてきたので、赤い手紙を覚えているか尋ね返すと、彼は頷きました。その姿を見た瞬間、私の目から涙があふれ出ました。声が震えるのもわかりました。

〝あなたの頬を打ったこと、あなたの人生の選択について怒ったこと、それを承認するのに条件をつけたことを、ずっと気にしていたんだけど、勇気がなくて今まで謝ることができなかったの。あなたを傷つけたことは申し訳ないと思っている。お母さんがまちがっていたよ。これからは、もっとあなたのことを信じて、あなたの選択を尊重するから。本当にごめんなさい〟

私の話を聞いた息子の声も、震え始めました。謝り方が下手で、まだ十分に伝わってはいなかったかもしれません。でも、話をしたことによって、私の心は少しだけ軽くなりました。息子の心が、私よりもう少しだけ軽くなってくれていたら、と思います。この願いも単なる私の欲望かもしれないので、今は心の中に秘めておきます。

共感とは、心を磨きながら、自己省察を行う過程にあるのでしょうね。共感する過程とは、自分にとって不都合で嫌なことであっても、それらに向き合うことで自分の過ちに気づき、自分を覚醒させる省察の過程でもあるんでしょうね」

彼女の省察は、共感の本質を見据えて、とても奥深いものだった。彼女の省察の奥深さにつられた私は、もう少しだけ話を続けた。子どもの心が軽くなったかどうか知りたいのであれば、聞いてあげてください。遠慮はいりません。話を聞くこと自体が、治癒的効果につながるのですから。自分から謝ったお母さんが、その後も継続的に関心を持ってくれていることに、息子さんはいっそう安心を覚えると思いますよ、と。

自らの心に率直な質問をぶつけ、ゆっくり答えを待つ

彼女の手紙の中の「これが私が望む生き方だ。絶対に後悔しない！」という一節は、親子関係とは別の視点からも、私の心に響くものであった。彼女自身に、自らの退路を封じた経験があったということだ。彼女はそのことを、息子の退路を絶ったという話をするうちに思い出した。あなたがそれを望むなら、やりなさい。ただし、後で後悔したり、弱音を吐いたりしてはいけない、というのは、その時の自分を自ら洗脳するための言葉であった。

自分自身を洗脳してきた彼女が、これからすべきことは何だろう？　簡単なことだ。立ち止まって、自分に問うてみればよい。若い時には気づかずにいて聞けなかったことでも、今なら聞くことができる。

「これからもあなたは、そうやって生きていきたいと思っているの？」
「あなたは自分に嘘をついてはいない？」
「それは本当の気持ちなの？」

結論を気にしたりせず、自らの心に向かって率直に質問するべきである。早く答えを知りたいと思ったり、自分に答えを迫ったりしてはいけない。考える時間と余裕を、十分に与えてあげるべきだ。自分を追い込もうとせず、素直な声が聞こえてくるまで、静かに耳を澄ませていよう。

実のところ結論は重要ではない。大事なのは、その質問を通じて、自分の「心」と向き合い、気持ちを研ぎ澄ませることだ。心の隅々にまで目を行き届かせ、じっくりとたどってみることが重要なのだ。よい回答、よい決定が自分の心を保護してくれるのではなく、自分と向き合い、自分に共感するプロセス自体が、結果として自分の心を保護してくれるのである。

寂しい思いをしてきたために生きるのが苦しかった人は、その時の心に十分共感してもらえないと、自分が親になった時、子どもに「寂しい思いをするような生き方をしたら絶対ダメだよ」と強要する可能性がある。共感してもらえなかった心の傷は、他者に対する一方的な啓蒙と忠告に形を変え、鋭利な刃物のように他者の心に突き刺さる。

「そんな寂しい生き方をしたらダメだよ」
「堂々と生きるべきだ」

「自分で選択したことは、最後まで貫くべきだ」

どんなに立派な言葉も、一方的な啓蒙と忠告では何の役にも立たない。いくらその言葉が正しくても、聞く人によっては傷ついたり、強迫観念となったりすることもある。人は、正しい言葉に助けられるのではない。自己矛盾と向き合い、それに気づくプロセスで理解と共感を受けた経験が、心に余裕を与え、自らも共感力を高め、結果的にそうした一連のプロセスによって自己を救うことになるのだ。

子どもの話をするうちに、突然、若い時の自分と対話を始めたという彼女の告白を聞いて、他のワークショップ参加者も、それぞれ自分を振り返った。彼女の告白、彼女の奥深い省察は、自分を救い、他の人も治癒する誘発剤となったのである。

「あなたは何者？　今、あなたの心はどういう状態？」

彼女から三回目の手紙が届いた。

「最近、忙しい日常の中に少しでも暇があれば、自分の内面を深くのぞきこみます。

気軽に自分に問いかける習慣ができました。〝あなたは何者なの？　今この瞬間、あなたの心はどういう状態？　心から魅力に思うこと、興味を感じているものはある？　生きるのは楽しい？〟などと、問いを繰り返しています。私の感情と気持ちをありのまま自分自身に問います。これまでは、〝今日はうまくやったの？　どれほどやりがいがあったの？〟と尋ねていましたが、それとはちがう次元の質問です。私自身、自分に対するこのような質問を目新しく思っています。

地位や権力、財産や社会的な役割は、いくらでも変わりうると、先生はおっしゃいましたね。価値観や信念も、変えたり妥協したりできるものであるとうかがいました。その一方で、私の感覚、気持ち、感情、心は、私という存在自体であるので、無条件で重視し、受け入れるべきだ、ともおっしゃいました。優しいようで難しい話でした。

これまで私は、私の信念と価値観を現実の中で実践することが私の人生の最高の基準だと思い生きてきました。社会の正義と民主主義、そして疎外され抑圧されている弱者たちの生活に少しでも役に立とうとする生き方を、浮世離れしたものと感じる人もいるかもしれませんが、私にはそれが当たり前のことでした。

生活の中で自分自身について深く考え、省察することよりも、自らの信念と価値観に基づいて判断し、行動することを優先していました。それが、私の人生でした。

〝いまだに、そのような生き方をしているの？〟という皮肉めいた質問に対し、〝これが私の望む生き方なのだ。後悔はしていない〟と答えていたことも、もちろん私の信念と価値観の表明でした。そのように答えながらも、私の心の片隅には〝でも、私の体と心は苦しんでいる。本当にこれでいいのだろうか〟という思いがありました。口に出すことは、どうしてもできませんでしたけれど。

私は、自分の信念に従って、二〇代の前半に「九老《クロ》公団」（訳注：八〇年代まで製造業の工場が集まっていたソウル市の地域）にある工場で働き始めました。工場に着いた最初の日、先輩が次のように言いました。あなたたちのような人は、三か月ともたずに辞めてしまうだろう、と。実際、そうでした。一か月も経たないうちに、工場の仲間で部屋をシェアしていたルームメイトは荷物をまとめて親元に帰っていきました。

同僚が去った日の夜、気がふさぎ、不安な気持ちから遅くまで寝つけませんでした。ようやく眠ることができたころ、不審な空気を感じて再び目をさましたら、見知らぬ男が私の部屋に入ってきて、掛け布団を持ち上げようとしていました。その瞬間、〝あなた誰？　この野郎！〟と叫びながら、がばっと起き上がりました。その相手はびっくりして逃げました。ドアノブをスプーンで固定し、ドアをしっかりと閉めてから外に向かって〝泥棒！〟と大声で喚《わめ》き立てました。私の部屋にあった鉛筆削り用カッターを手に取り、がたがた震えながら立っていました。そうしているうちに、涙がどっとあふれました。恐怖に勝とうと、大声で知っている歌をすべて歌いました。数日後、ドアの前に男が立っていました。あの時部屋に忍び込んだ不審人物です。その男は私に〝お嬢さん、声が大きすぎるよ〟と言うと、誰かの部屋に入ってしまいました。鳥肌が立ちました。私は〝こっちは、カッターを持っている。入ってきたら殺すぞ!〟と、力いっぱい叫びました。

当時の九老公団は、蜂の巣と呼ばれる部屋が並んでくっついている建物構造でした。ひとりかふたりがせいぜい横になれる程度の小さな部屋です。私が大声で喚き立てたのに、みんなつらい毎日の作業に疲れ果てているのか、誰も自分の部屋から顔を出してきませんでした。私は間ちがいなくスプーンでドアのノブを固定していたと思っていたのですが、後から確認してみると、そのドアノブは外からドアを引きながら指でとんと打つと開けられてしまう、お粗末なものでした。蜂の巣の内部をよく知っていた男は、私のルームメイトが部屋を出て、私だけがそこに寝起きしていることを知り、夜、私の部屋に侵入したのです。

部屋に電話は引かれておらず、携帯電話もない時代だったので、夜はいっときも安心できませんでした。時間と格闘しながら夜明けを待っていると、ようやく周囲が明るくなり始めました。すぐに私は、一階にある大家の部屋に駆け込み、こんな部屋には住めませんと訴えましたが、九老公団での私の生活は、その後も八年間続きました。

今になって、苦しく、怖く、そのような生活をすぐにでも止めたいと思っていた多くの瞬間が思い出されます。私もあのルームメイトのように、家に帰りたいと思っていたはずです。でも、私の心はその気持ちに気づかないふりをしていました。苦しいと思ってはいけない、と私を抑えました。私自身に本当に申し訳ない思いです。苦しいのは当たり前で、家に帰りたくなるのも当然なのに……。当時の私は、そのような自分をいっさい顧みず、自分に対して残酷なことをしていたと、今ならはっきりとそう言えます。他方、あのころの同僚たちに対しても、〝心〟で向き合わず、自分の価値観や信念のような、ただの物差しだけで接していたことに申し訳ない思いでいます。

これまでの人生、瞬間瞬間に震えるような喜びを感じ、胸の膨らむ思いに幸せを感じる時もありました。苦しかったことよりも、はるかに大きな喜びを感じていたかもしれません。私の人生は、過去も現在もエキサイティングです。けれども、私の心と十分に向き合い、励まし共感することについては消極的だったようです。当時の私を振り返ると、共感のハードルを取り除くことよりも、そのハードルをあえて無視することを選んでいたようです。人と人との間で周波数を合わせる共感と共鳴は、いまだに霧の中の光のように仄見《ほの》える程度ですが、そのうち捕まえられそうです。私も〝優しい戦士〟になる道へ向かって前進したいです」

彼女の手紙を読みながら、私は泣いた。彼女の若かった時代のあまりの過酷さに泣き、熾烈で勇敢だったその美しさに、また泣いた。苦しく、怖く、かつてのルームメイトのように家に帰りたいと思うような経験もしたが、彼女は今も、その延長線上にとどまり、市民活動に邁進している。

とはいえ、彼女のすべてが、以前のままの彼女ではないだろう。もっと淡々と、もっと堂々としており、もっと安定的である。彼女を包む空気が変わったのを、私は感じる。それは、彼女が自分に投げかける問いが、「今日は、うまくやれた？　やりがいはあった？」から、「あなたは誰なの？　今、あなたの心はどんな状態？」というものへ移ったことと関係があるはずだ。

他者に共感することが難しいのは、共感すべき対象に至る道程で、「自分自身」と出会わなければならないからである。その道は、問題を解決しながら山を一つひとつ越えていくようなものである。しかしながら、その道を行くことは、彼女がそうであったように、生き別れになった親族を探したり、財宝を掘り当てたりすることにも似た、心躍る体験となるだろう。

5　個別性をないものにする集団主義的思考

「肉好きと言いながら、脂身を食べないのはおかしい」「刺身を唐辛子酢味噌につけて食べるのは邪道」といった類いの話はいろいろある。いったい、誰がそのような基準を定めているのか、どうして自分も深く考えずに、それに従ってしまうのだろう。当然だが、食習慣や食べ物の好き嫌いは、何かの基準に従わされるものではない。それは、自分で考え、自分で決めるものなのだ。それにもかかわらず、そのようなルールのごときものが、いつの間にか、私たちの中に染みついてしまっている。

眼の前にいる人を、自分でよく確かめもせずに、その経歴や成し遂げた業績だけで、判断することはよくある。職業や身分は、彼を理解するのに役立つだろうか、それともかえって障害になるだろうか。私の経験によれば、二対八くらいの割合で障害となる。

教育者であれ、他の何であれ、その集団に属する個人を、その集団が持つ特性やイメージとイコールで結ぶのは、集団主義的思考である。集団主義的思考によって定義された彼は、「本当の彼」ではない。「本当の彼」は、集団主義的思考などという固定した枠組では捉えきれない複雑な性格を持っているのである。

本当の「彼」と出会ったことがない、彼との人生

集団主義的思考は、個人に備わった「心のかたち」の唯一性や個別性を曖昧にし、時には無視してしまう。ある人が真面目に運動して引き締まった体型を作りあげたにもかかわらず、その人にだぶだぶの服を着させて美しい体の曲線が現れないようにすることと同じである。集団主義的思考では、「彼」という存在の核、つまり個々人が持つ固有の感情や感覚に到達できないのが当然である。それにもかかわらず、人々は集団主義的思考で相手を理解した気になってしまう。

節句の日に嫁同士が集まると、社会的に成功した家の嫁、お金をたくさん稼いだ家の嫁の意見は、そうでない嫁の意見に勝る。子どもの教育や両親の世話など、社会的成功の有無や財産の多寡とはまったく関係のない話題であっても、そうなのだ。成功した人や財力のある人が、世の中のすべてに優れた判断力を発揮できるわけでもないのに、す

べからく成功した人とはそうあるべしという、集団主義的思考が作動した結果である。

成功した人は真面目で頭がいいにちがいない、合理的にちがいない。これらは集団主義的思考すなわち集団的早合点である。すべからく女性とは、すべからく長男とは、すべからく聖職者とは、すべからく学生とは……。社会におけるこのような思考は、自然で美しい曲線を強引に削って直線に変えてしまうショベルカーのような暴力性をはらんでいる。

集団主義的思考によって判断と評価がすでに下された後では、その人物がいかなる個別性を持った存在であるのかは、当然のように軽視される。もうこれ以上、その人について掘り下げて見る必要はないと判断するのだ。集団主義的思考に振り回されたら、いかなる人とも正しく付き合うことはできない。


アパートの警備員が休日の午前に巡回中、重たいものがどしんと落ちる音を聞いた。不吉な予感がして音のしたほうへ走ると、顔見知りの男性が花壇に倒れていた。急いでその男性の家の前まで行ってベルを押すと、そこの家の奥さんが出てきた。警備員は、思わず、尋ねた。

「旦那さんはどこにいらっしゃいますか？」

奥さんが答えた。

「彼は部屋の中にいます」

夫がコンクリートの地面に倒れて血を流しているその瞬間、奥さんは夫が部屋の中にいるものと思っていた。

人は配偶者を指して、冗談半分に次のようなことを言ったりする。「あの人のことは、手に取るようにわかる」「あの人は、私のひと言ですぐさま静かになるの」。しかし、そのような配偶者はどこにもいない。たとえ七歳の子どもだって、手に取るようにわかる存在などではありえない。私が奥のまたさらに奥まで知り尽くしていると信じて疑わない配偶者は、本当の「彼」や「彼女」ではないのだ。なぜ、そのような食いちがいが生まれるのだろうか？

互いに心を通わせ、感情と気持ちを共有し合う関係でなければ、配偶者や親友といえども、私は彼と、彼は私と、本当の意味で通じ合うことにはならない。

共感とは、正しく意思疎通し合うことの別名である。共感とは、他者の存在の個別性に気持ちを重ね合わせること、相手の感情と気持ちの次元まで分け入って、私の心を彼の心と重ね合わせることである。同時にそれは、「私」の心、「私」の感情も相手と分かち合いながら、意思疎通することでもある。互いの個別性を尊重し合わない夫婦は、それぞれの役割に忠実な、ただの機能的関係に陥るだろう。

機能的関係で結びついた者同士は、夫婦よりも組織の同僚に近い。出会いは愛情に基づいていたかもしれないが、互いの個別性を深く尊重し合わないと、その後の関係は機能的なものにとどまることもある。

役割に忠実な関係とは、「すべからく主婦とは、妻とは、母親とは、嫁とは、かくあるべきだ。すべからく家長とは、父親とは、息子とは、婿とは、かくあるべきなのだ」という集団主義的思考に忠実な関係である。いわばそれは、「ごっこ遊び」の関係、かりそめの人生だ。そのような関係、そのような人生において、この人は何者なのか、私はどのような存在なのかがわからなくなってしまうのは当然である。それは、「私」の心のかたちが表に現れない生き方といえよう。愛する人と生きているはずなのに、一度も「彼の本当の姿」を見たことがない人生である。一生かけても、彼が何者なのかを知ることはできないのだ。

「私たち」ではなく「私」を探して

市民活動家出身のある政治家に、「今、あなたの心はどんな具合ですか?」と尋ねたことがある。じっと考え込んでいた彼が真剣に答えた。自分は大学の時から「私たち」に慣れていて、「私たち」がやるべきことを「私」のこととして受け止めてきた。だから、私の心、私の気持ちを問われて、戸惑いを覚えたという。これまで彼は、ひとつの体にひとつの心を持って暮らしてきたが、そのくせ自分が何者なのかを知らずに生きてきたのだ。一生、自分の「体の中身」を見たことがなかったかもしれない。一緒に暮らしていた人がコンクリートの地面に叩きつけられ、倒れていても、部屋にいると信じて疑わなかった人のように、その政治家も「私たち」ではない「私」が、今どこでどうしているのか何も知らずにいたようなものだ。

「高校三年生の子どもを持つ母親は大変だ」、そう言って受験生の子どもを持った母親という属性の中に個を埋没させる主婦、「偏差値の低い無名地方大学出身だから」と自らの可能性を過小評価する青年、引っ込み思案な性格を「理系出身はそういうものだ」などと言って視点をすり替える人、「自分」の痛みについて話しているのに、「我々遺族たちは」という表現を使って個の問題を自らうやむやにしてしまう国家暴力の被害者たち。彼らもまた、同様の存在だ。

ワールドカップ・サッカーの韓国代表選手に対して、ゲーム終了直後に「今日の試合、いかがでしたか?」と尋ねると、答えの主語はほぼ一様に「我らが選手たちは」である。これでは、競技に関わった選手たち個人の生の声が届きにくい。「我らが選手たち」の後に続くのは、たいてい「国民の期待と声援に応えるために身を削って努力した」という画一的な言葉だ。したがって、毎回試合内容は異なるのに、コメントは似たり寄ったりになる。個別的状況、個別的存在の生々しさを、集団主義的思考がすべて覆い隠してしまうのだ。私たちの長年の習慣である。

そのような表現の中では、個別的な存在が見えてはこない。見えないから、実体を伝えようもない。これでは、どれだけ多くの言葉を紡いでも、残るのは物足りなさだけ。「私」がどこにも見当たらないせいだ。痒い足の指を靴の上からいくら強く掻いても、痒みは収まらない。靴下まで脱いで、痒い足の指の間を思い切り掻かなければ無理である。

「我々」で始まる物語は、靴の上から痒い足指を掻く行為と同じだ。私の心、私の感情、個別的な存在から発せられる固有の肉声に近づくのが、正しい関係の出発点であり、それがまさに共感の本質である。複雑な多面体をした水晶体に光を当てると、光の方向や色合いも複雑に変化する。人の心も、それと同じように複雑な多面体のイメージで考えるといいだろう。そのような人の心を、集団的アイデンティティという名のローラーで均《なら》してしまうことは、自己に対する暴力や抑圧であり、人間の存在というものに対する理解が決定的に足りない行為といわざるをえない。

どこかに抵抗勢力のようなものがあって、それが具体的に私たちの共感関係を阻んでいるわけではないのに、なぜか困難を感じることが多い。それは、共感の対象と私たちとの間にいくつものハードルが立ち塞がっているからだ。その中でもとくに頻度の高いハードルが、集団主義的思考である。このハードルを乗り越えるには、常にそういうハードルが私たちの前にあることを自覚し、敏感に察知することである。これを乗り越えることができれば、共感は、どこまで行ってもたどり着けない蜃気楼ではなく、渇きを潤す本物のオアシスとなって存在してくるだろう。

6　類型化は時に共感の妨げになる

異性との出会いの場であるコンパや、取引先とのミーティングなどで初対面の人を前にすると、相手の全体像を把握するために、自分が持っているありとあらゆるアンテナを張り巡らせるのが普通だ。こちらからの質問に対する相手の答えや反応を見ながら、少しずつイメージを広げていく。「この人は、純真なところがあるな」「けっこう自己中心的だな」「優しいな」「案外、マッチョかもしれない」云々。

好きな映画のジャンルや宗教、血液型、動物に対する態度、政治思想、性格診断テストなど、できるかぎりの方法を使って相手を知ろうとする。「この人は、こういうタイプの人だな！」という結論に到達するまで、検査の手を緩めない。

検査項目は、人ごとにちがう。それぞれに、それぞれの気質や趣味嗜好、人生経験を通して設計されたアルゴリズムが関係している。それは偏見を生み出す可能性もあるが、たとえそうであっても、自分だけの物差しを持っていたほうが、人と会った時に感じるストレスは少ない。自分にとってこの人は安全だと判断できれば、ストレスを感じることもなくなる。車で混雑した交差点を誰でも安心して通過できるのは、交通信号さえ守っていればよいからだ。もし信号灯がなく、自分の目でいちいち四方を確認しながら進まなければならなかったら、目的地に着く前に疲れ切ってしまうだろう。

同様に、対人関係においても、交差点における信号機のような一定の手引きがあったほうが、都合がいいのは確かである。絶えず人との出会いと別れを繰り返す私たちの人生において、一定の手引きとなりうるものが、人を見る時の自分なりの評価の枠組みである。分析心理学の類型論は、そのような物差しをつくるのに重要な役割を果たした。その理論を適用すれば、相手の人物像におおよその検討をつけることができるというわけだ。心理学的類型についての知識は、他者に対する理解や想像を助け、対人面における不安を和らげてくれるという点で、きわめて有効と言えるだろう。ただし、これには副作用もある。

四、六、九、あるいは十六の類型に人類を分け、同じ類型に属していれば、あたかも同じDNAを持ってでもいるかのように見なす人は多い。さまざまな類型論に基づく評価の枠組みが勢いを増しつつある昨今、「人間はみな、唯一で個別的存在」などという命題が流行らないのは無理もないとさえ思えてしまう。
だが、心理学的類型論は、時に共感を妨げる。個人の性格を特定の類型に当てはめ、一般化するやり方が、個別的な存在としての人間への理解を阻むのだ。

表面的な条件は、その人のごく一部にすぎない

社会人経験が一度もなく、子どもを育てるためにだけすべての歳月を費やしてしまったと自分を卑下する主婦がいた。私は彼女に、「あなたは差別主義者なのでしょうか」と言った。つまり、そういう自分を卑下するということは、裏を返せば、就職するなどの社会人経験がある女性はそれだけで価値ある人と考えているということだ。表面的な条件に固執して、存在の個別性への尊重を怠ると、結果的に他の人のみならず自分自身に対しても粗暴な扱いをすることになる。

名門大を卒業し、真のエリートだけが合格できるという国家試験にパスした人々の中にも、愚かで無知で非合理的な人はいる。政治家や有名人のことを思い浮かべてみるだけでも、明らかな事実だ。

ところが、このような事実が私たちの周りで数多く見られるにもかかわらず、そのこ

とをきちんと認識している人は少ない。ソウル大を卒業しているのなら、司法試験に合格したのなら、お金をたくさん儲けているのであれば、などと言って、あいも変わらず持ち上げまくる。そういう条件を備えた人は、自分とは何かがちがうと端から決めてかかっているのだ。実際には、かならずしもそうではないというのに。

学歴や地位、資格や財産規模などの表面的な条件によって決定される人物像は、その人のごく一部にすぎない。人はそれよりももっと複雑な要素を含んでいる。一部の条件だけで全体像の見当をつけることはできない。手袋を着けた手を見ても、それだけではその手指の詳細な形や質感まで知ったことにはならないのと同様である。五本指手袋ならまだしも、私たちが普段見ているのは、親指とそれ以外の指に分けられたミトンかもしれないのである。

文在寅《ムンジェイン》大統領夫妻が海外訪問する際にファーストレディのヘアメイクを担当した在外韓国美容師がインタビューに答え、ファーストレディの髪を手入れする三日間、緊張のあまり手の震えが止まらなかったと語った。彼女の気持ちは理解できるが、不可解なところもある。彼女はなぜ、それほどまでに緊張したのだろうか。

ファーストレディである金正淑《キムジョンスク》さんは、気さくな人柄に定評があった。大統領選前まで小さな家に暮らすなど、私たち庶民の素朴な隣人だった。大統領府で生活する時でさえ、以前とあまり変わらなかった。自らキッチンに立ち、身支度を整え、夫である大統領の世話をしながら、ひとりの時間には読書にも熱心だった。そのような事実が多く伝えられていたにもかかわらず、本人の前に立った彼女の手は震えたのである。

このように、自分が世間一般の評判を知っているのにもかかわらず、実際に相対した時の自分の行動が、それと一致しないことがある。ファーストレディのオーラに圧倒されるからであろう。個別的な存在としての金さんという人がどのような人であるのかを知っていても、そこにファーストレディの肩書が加わると、圧倒されてしまうのである。

自分を見失う前に

たとえチョー・ヨンピル（訳注：韓国の歌手）のファンクラブ会長であっても、自然体としてのチョー氏と会うのはたやすくないだろう。それは、チョー氏自身に原因があるのかもしれない。スーパースター級の芸能人の暮らしは寂しいものだといわれるが、それは自分を、ありのままの存在として見てくれる人が周りからどんどんいなくなってしまうからである。やがて、自分でも自分を見失ったり、自分がどんな感覚の持ち主なのかがわからなくなってしまったりする。

自己を喪失することによる虚しさや混乱が、どれほど大きなものであるのかを人に話しても、なかなか共感してもらうことはできない。人々は、著名人が手に入れた「何か」のほうにより大きな意味を与えたがるからである。彼らがどれほど混乱に陥っていようと、人々は、彼らのように大きな家で一度は暮らしたいと思ってしまう。彼らがどれほど虚しさを覚えても、多くの人は、彼らのようにほしいものが何でも手に入る生活をしてみたいと思ってしまう。世間は、彼らが手に入れたものに対して実際以上の価値を置くのだ。そして、そのことによってさらに理想化されたスーパースターたちは、自分の存在がさらに疎外されるというる悪循環に陥る。

韓流トップスターのある女優は、凄まじいまでの人気と莫大な富を得た。彼女のおかげで生活が一変した母親は、昔のように、娘に小言を言えなくなり、娘の機嫌を窺うようになる。彼女の兄も、妹の支援によって留学することができたので、昔のままの兄ではいられなくなった。スターの彼女は、家の中でもトップスターになってしまったのだ。そうした変化のために、彼女自身も家族に対し、娘でも妹でもない、別の存在になってしまった。

彼女は、家で、自分の出てくるＴＶドラマを見ていると妙な気持ちになると話した。洗顔もせず、くたくたのトレーニング服を着ている時の彼女は、ＴＶの中の自分、すなわち魅力あふれる自分を見ると、自分じゃないような、非現実的な感覚を覚えるという。時には、ＴＶの中の自分と、それを家で見ている自分と、「どちらが本当の私なのか」と考え込むこともあった。彼女は世の中の人にとって、やがて家族にとっても、そしてついには自分自身にとってさえ、芸能人以外の何者でもなくなっていた。そこには「本当の自分」が反映されていない。彼女は「本当の自分」を見失ってしまうことに怖さを覚えた。

　誰かを極端に理想化することは、その人をスーパーウルトラ級の高みに押し上げると同時に、自分は限りなくつまらない存在へと貶《おとし》めることになりかねない。そのような理想化は、祀り上げられた人の「自分」も崇《あが》める人の「自分」も、剥奪するおそれがある。どちらの「自分」にとっても、致命的な事態だ。

　共感は、話の聞き方よりも、共感すべき相手との向き合い方が重要だ。表面的な条件に踊らされることなく、「個別的な存在」にしっかり目を向けることで、共感力は生まれる。

誰もが共感し、共感されて生きることを願うのに、
実際はその通りにならないのは、
共感に至るまでの道のりを阻むさまざまなハードルがあるからだ。
共感し、共感される人生を送りたいのなら、ハードルの正体を知るべきだ。
典型的なハードルのひとつは、感情についての社会通念である。

＊

役割に忠実な関係とは、「すべからく主婦とは、妻とは、母親とは、嫁とは、かくあるべきだ。すべからく家長とは、父親とは、息子とは、婿とは、かくあるべきなのだ」という集団主義的思考に忠実な関係である。
それは、「ごっこ遊び」の関係だ。そのような関係、人生において、
相手が何者なのか、私はどのような存在なのかが
わからなくなってしまうのは当然だ。
それは、「私」の心のかたちが表に現れない生き方だと言える。
愛する人と生きているはずなのに、
一度も「相手の本当の姿」を見たことがない人生なのである。

第6章

共感の実践
——どうすれば大切な人を救うことができるのか

1　心より知りたい時にこそ、質問が出てくる

共感ワークショップの中で四〇代の女性参加者から一通の手紙をもらった。

「自分の心の奥底に何があるのか、理解できずにとても苦しんでいます。そばにいて、どこまで共感すべきなのか、考えるだけで疲れてしまいます。私の息子の話です。高校三年の息子が夏休みの間、家で自習をすると言い、学校の補習授業には行きませんでした。夏休み明けに、学校に行った息子は自分が大変可愛いがっていた昆虫が死んでいるのを見つけ、非常に悲しみました。世話をお願いしていた友だちを〝殺人者〟という言葉まで使って非難しました。けれども、虫が死んだくらいで大げさに反応する息子に対し、クラスメイトたちは神経過敏と揶揄したようです。

私の息子は、誰も共感してくれなかったので、すべての友だちと気まずい関係にな

り学校を辞めたいと言い出しました。私は子どもと一緒に昆虫の死を悲しみ、無関心なクラスメイトたちに文句を言って子どもの心を慰めました。しかし、一〜二週間ほどすぎても子どもの悲しみはおさまらず、むしろ酷くなりました。

私の考えでは、大学入試の心理的な負担と、心を通わせられない友人関係からくるストレスなどが、子どもを締めつけているように見えました。日頃から友だちが少ないことを悩んでいた息子は、自分がなぜそういう心理状態にあるのか考えることすら、苦痛のようでした。

〝あなたはデリケートな神経の持ち主だから、テストも近いし、友だちの問題もあって、そういう気持ちになるんじゃないの？〟とは言えませんでした。かといって〝夏休みだったとはいえ、そんなに可愛いがっていた昆虫を友だちに任せっきりにしたのはあなたでしょう。結果に対しては、あなたにも責任があるでしょ〟とも言えませんでした。子どもは友だちが殺したと言いましたが、実際、真夏の暑さの中で教室に放置された昆虫が死なないようにするのは難しかったと思います。

子どものように悲しみを感じていない私は、三週間が経って、だんだん焦り始めました。それで、〝他の子たちは昆虫が死んでもあなたほど悲しんでいないよ〟と客観的に言ったつもりですが、その結果、子どもからの信頼を失い、生命を大切にしない母親と思われるようになりました。ショックでしたが、気をとり直して子どもと一緒に昆虫の死を悼みました。一か月が過ぎると、子どもは徐々に落ち着いてきて、高校も無事に卒業することができました。

こうして子どもの心は落ち着くことができましたが、ただ、私が正しく共感できたとは思っていません。なぜそれほどまでに悲しいのか、いくら聞いても〝生命がなくなったのに悲しくないの？〟と言うばかりの息子に対し、私がこれ以上何を問うべきか、どのようにすれば子どもが自分の心の内を言うことができただろうか、いまだによくわかりません。

息子が穏やかな時には、試験に対する不安や、友だちから排除された時のつらい気持ちなどを私に打ち明け、胸の内を分かち合おうとしたりします。でも、何か不合理な憤りや悲しみで心が満たされた時の息子には、同じ内容を繰り返している場合でも、どう共感してあげればよいものやら、わからなくなります。今後、息子の本当の気持ちを聞くべきなのか、聞くにしても、具体的にどうすればよいかを知りたいと思っております」

今時珍しいくらいに、子どものことで心労を重ねる母親の姿が目に浮かんだ。子どもを怒らず、余計なことばかりするな、などとも言わず、耐え忍ぶ母親の姿は立派だと思う。母親の真心が感じられ、読みながら胸を打たれた。心に重くのしかかるような数か月間を、彼女はどれほど悩みながら過ごしたのだろう。そのことに私は、胸を痛めた。しかしながらそのこととは別に、私は彼女に耳の痛い話をしなければならなかった。すなわち、「共感とは、自分が理解できないことについて相手を無条件に肯定することではない」と。

自分の結論を含んだ質問をしていないか

ならば、このように繊細で敏感な子どもとは、どのような方法で意思疎通し、どのように共感すればよいのだろうか。先ほどの手紙でまず問題になるのは、子どもに共感する以前に、母親の心が先に燃え尽きてしまうという懸念だろう。誰かに共感するために誰かが燃え尽きてしまうのは、共感ではなく感情労働である。共感をまちがって理解してしまうと、この母親のように疲弊するだけである。

共感は、誰かひとりの犠牲の上に成り立つものではない。共感は、あなたもいるけど私もいる、という前提から始まる感情の交流である。共感は、両者とも自由になり、心が軽くなる黄金分割の支点を探す過程である。どちらも犠牲にしないのが、正しい共感である。

彼女は、手紙の冒頭で、「どこまで共感すべきなのか、考えるだけで疲れてしまいます」と書いていた。霧の中をさまようような気持ちだったろう。自分は力を使い切るほど骨を折って戦っているのだが、子どもの心と状況は簡単には理解できないため、先行きが見えない漠とした状態だったにちがいない。

よくわからない時には、わかった気にならないで、もっと尋ねてみるべきだ。理解できないことを受け入れようと頑張るのは、共感に対する強迫観念であって、本当の共感ではない。いたずらにエネルギーを消耗するだけだ。そうそう耐えられるものではない。本人ですら理解できないことを、他者である私が共感できるはずがないのだ。

手紙を読むかぎり、母親が子どもに尋ねたいと思わなかったことには彼女なりの理由があったようではある。彼女は、「大学入試の負担、心を分かち合う友だちのいない学校生活などが子どもをさらに締めつけているようで、自分の心がなぜそうなのかを考えることすら、恐れているようでした」と診断している。

ようするに、母親は、息子があれこれ言いがかりをつけるのは、入試を負担に感じていることと、学校に友だちがいないことが原因だと、判断を先回りしていたのである。

彼女が子どもの気持ちを確認しなかったのは、その必要がないと考えたからだろう。このことに関する母親の診断は、すでに下されていた状態だったのだ。

共感を導く技術を習得していれば、適切な質問を投げられそうに思われるかもしれないが、実は、そうではない。共感についての観念的で理論的な知識が日常に適用されることはめったにないが、それは共感に導く適切な質問を知らないからではない。心より知りたいと思った時に、自然と出てくるのが本当の意味で適切な質問だということを、知らないのである。本当に知りたいという思いが募るまで、自分の下した判断がすべてだと思わないほうがいい。

自分の判断や考えと息子のそれは別ものだと認めてこそ、息子の判断や考えを理解する余地も生まれる。その時初めて、息子の心を理解しようという気持ちも生まれ、本当の意味で適切な問いを立てることができるのだ。適切な質問をすること以外に、彼女が霧の中から抜け出す方法など、どこにもない。

人間関係は、相手のあるゲームだ。自分の頭だけですべてを把握することはできない。「私」もいれば「あなた」もいる。先に結論ありきの彼女が苦肉の策で出した質問は、やむにやまれぬ思いから出た質問とはちがう。自分の結論を伝える意図が暗に含まれた質問、すなわち「質問を装った助言や啓蒙」である。

彼女が息子を立ち直らせようと尽くした労苦は、尊敬に値する。しかしその労苦は、共感に結びつかなかった。自分が袖の下に隠し持っている結論と、無理やり辻褄合わせをしているだけなのだから、徒労に終わるのは当然だ。

用意された結論は脇に置き、その時知りたいと思ったことを聞く

自分の結論がすべてという考えにとらわれなければ、自然と知りたいことや聞きたいことが質問の中にあふれてくるだろう。

「その昆虫はどこで捕まえたものなの?」
「あなたにとっては、それだけ特別な存在だったのね。まるで実の子どもみたいに」

その昆虫が息子にとってどのような存在だったのか、どのような縁で出会ったのか、そういう質問をするのがいいだろう。そうすれば、自然と息子の状態、息子の心が話題の中心となり、さらにそれと関連した質問が湧いてくるだろう。

「その昆虫に名前をつけてあげたの？　なんという名前？」
「どんな姿かたちをしているの？　何と似ている？　どこを気に入っていたの？」

息子が本当に大切にしていた昆虫ならば、知りたくなるだろう。息子にガールフレンドがいれば、絶対聞きたいことがあるはずだ。母親が息子のガールフレンドについて尋ねるのは、ガールフレンドのことが知りたいというより、たいていはガールフレンドに対する息子の気持ちを知りたいからだ。息子の好みが知りたくて、息子がどのような未来を夢見ているかが知りたいから聞くのだ。それと同じである。

息子と具体的な昆虫の話をするうちに、自然と息子は昆虫に対する思いを、自分のこととして話し始めるだろう。母親も話を聞くうちに、その虫が息子にとって特別な存在である理由を知るにちがいない。息子の悲しみのすべては納得できなくても、共感することはできるだろう。

「あの昆虫は、あなたにとってそれほど大切な子だったたんだ。そんな子を亡くしたのに、友だちは神経過敏のひと言で片づけたんだね。ちゃんとわかろうとせず、あなたに対し暴言を吐いたのね。それを聞いて、どんな気持ちだった？」

そんなふうに、聞いてあげるといいだろう。

「その時、あなたはどんな気持ちだったの」という母親の質問は、息子の心に溜まった悲しさと憤りという膿を絞り出してくれるだろう。母親は自らの心に何ら疲れを覚えることなく、息子の心に自分の思いを染み渡らせることができるだろう。

それができたら、あとは母親が理解した息子の心の内を、そのまま息子に投げ返してあげればよい。「その昆虫は、あなたの親友だったのね」、「だから、友だちを亡くしたということなのね」、「その子をクラスメイトに任せたことを後悔しているの？　それとも罪悪感？」と尋ねれば、息子と今までとは異なるレベルの深い話ができるようになるだろう。

共感は、私の考え、私の本心もあるけれど、同時に相手の考えや本心もあるという前提のもとに始まる。相手が本心を見せたところから、本当の関係が始まるのだ。それが共感の基礎である。

2　相手と同じ感情を持つ必要はない

大切にしていた昆虫を失った息子の母から届いた手紙には、こんなくだりもある。

「三週間経った今も、〝他の子たちは昆虫が死んでもあなたほど悲しんでいないよ〟と息子に言ってしまったことが悔やまれます。子どもの信頼を失い、生命を大切にしない母親と思っているにちがいありません」

相手と同じ感情になるのが、うまく共感しているということなのか。そうではない。共感とは、相手と同じ感情になるのではなく、相手が持つ感情や気持ちを受け入れ理解することである。そのような状態だから、相手の気持ちをもっとよく知りたいと思い、さらに理解が深まることになる。相手と同じ感情を持つ場合もあるが、そうならない場合もある。どちらがよいという問題ではないし、それが共感の条件ではない。
だから彼女は息子に、「お母さんはそういう気持ちになったことがないけれど、あなたにとっては、友だちが死んだのと同じなんだよね、だから悲しかったのね」と言えばいい。母親と息子はそれぞれ独立した存在なのだから、感情がちがって当然だ。母親が息子と同じ気持ちにならないのは冷淡だなどとは思わず、ただ息子の感情を認めていると伝えればいい。それが共感である。

自分と異なる感情をすすんで理解し受け入れる

セウォル号事故の犠牲になった学生Aと、三歳から同じマンションに暮らし、遊び友だちだったBという青年がいる。Bは事故から数年がすぎても、依然としてAのことが忘れられないと言いながら涙を流した。

B：Aが事故に遭わなかったなら、今も「明日、どこへ遊びに行こうか」と言いたいのに、実際に口を突いて出るのは「夢でもいいから会いたい、会いに来てほしい」という言葉です。それが、本当に悔しいんです。

私：そう。どれだけ会いたいと思っているの？

B：もし、あの世でAに会えるなら、死んでも構わないと思っています。本当に大切な友だちでしたから。

私：ああ、それほどまでに会いたいと思い詰めているのね。

最後の私の反応に注目していただきたい。私は、Bに対し、「そうだったんだ。友だちだからそのような気持ちになるのは当然だよね」という意味のことは言っていない。つまり、私もあなたと同じ気持ちだよ、とは言わなかった。

実際に私は、Bがどれほど苦しみ、悲しんでいるのか見当もつかない。そこで私は、「ああ、それほどまでに会いたいと思い詰めているのね」と、素直に反応しただけだ。「私は、あなたがどれほど悲しく、友だちに会いたいと思っているのか見当もつかなかった。あなたの話を聞いて、初めてその切実さを知りました」と伝えたのである。

その時、私が彼と同じ感情を持たなかったからといって、共感しなかったわけではない。私は、「話を聞くまでは知らなかった。でも、そうだったんだね」と、彼の心を抱きとめた。そこから彼の「存在全体」を理解し認めていくことが、私にとっての彼への共感である。

人は皆、それぞれが個別的な存在であり、唯一の存在である。同じ状況を経験しても、同じ感情になるとは限らない。相手が感じていることを、ありえないとか不合理だとか思うのは、だから仕方がない。それを勝手に結論づけたり、無視したりしなければよいのだ。相手の心に関心を寄せ、その人の心の内が理解できるまでその声にじっと耳を澄ます態度、それ自体が共感なのである。そのような態度は、相手にこちらのことを安全だと思わせ、心を開きやすくするだろう。

3　他者よりも自分への共感を優先する

息子と昆虫について初めて話したその翌週、その子の母親から二通目の手紙が届いた。そこには、あれから子どもと交わした話の中身がぎっしりと詰まっていた。母親として息子に深く共感できていなかったことについて謝罪したこと、それに対して息子が泣きながら感謝したこと、大学生活における悩みを聞いた話、等々。私は、それらの話もさることながら、彼女からの次のような報告が、最も胸に響いた。

「息子は、他人に共感してもらえないことをしょっちゅう嘆いていました。彼はとても繊細で、他人と交わるのが苦手です。これでは友だちとうまくやっていけないのではと心配になった私は、〝もっと自分を他人に合わせる努力をしたほうがいい〟と助言しました。今にして思えば、そうやって息子を追い込んでいたのだと思います。

私自身の性格に、息子と似たところがあって、過去に寂しい思いをした経験があります。だから、それではいけないと自分に言い聞かせていたことを、つい息子にも言っていたのですね。息子の本当の気持ちなど、まるで無視していました。私はそのことも、ありのまま息子に話しました。理由はなんであれ、あなたの味方をしてあげられなかったことを申し訳なく思うと言いました。子どもは泣きながら、ありがとう、もう大丈夫だよ、と言ってくれました」

誰かの気持ちに心を寄せ、その声に耳を傾けていると、やがて自分の内面にも何かしらの思いが至るものだ。自分の心の奥をのぞき見るのは、苦痛であると同時に喜びでもある。他者に共感するのも、自分の内面をのぞき見るのも初めはしんどいが、そこには自己と他者の内面の心に触れ、その傷を癒すことができるという意味においては喜びもある。彼女もまた、息子のことで悩んだ末に、本当の息子、本当の自分と出会えたのである。

自己に共感することのほうが難しい

ただし、私は自身の性格ゆえにこれまで寂しい思いをしてきた、そのために私とよく似た息子を追い込んでしまった、という彼女の考えには、半ば同意できない。彼女が寂しい思いをしてきたのは繊細な性格のためではなく、その繊細さを性格の欠点だと他人に規定され、萎縮しながら生きてきたせいである。そうでなければ、自分の繊細さを長所として、堂々と生きることもできたはずである。

本人の性格と、寂しく生きてきた自らの過去とが密接に関係しているという彼女の自己診断は、息子に対する心配につながった。息子が経験した他者との葛藤や軋轢も、その性格ゆえと決めつけてしまったのである。あれほど共感力のある彼女にして、息子については、まるで霧の中をさまよう人のように方向を見誤らせていたのだ。

こうして、息子に対する共感の話は、いつの間にか母親自身がかつて共感してもらえなかったという話へと変わり、それが再び、息子の心の問題へとつながっていった。

このように、誰かの気持ちに心を寄せ、その声に耳を傾けているうちに、自分自身の「存在」と向き合えるようになることはよくある。もし、そういう機会を得たら、相手に共感すると同時に、自分も相手に共感してもらえる好機と捉えるべきだ。そもそも共感においては、「私」と「あなた」のうち、常に「私」が先である。私が共感してもらえればこそ、初めて歪みのない目で相手を見る、すなわち正しく共感することができるのだから。

逆にいえば、彼女も、自分の問題が解決できなければ、息子を正しく理解することはできない。息子に過去の自分をいつまでも投影して、不安になるばかりだ。息子を心配しているつもりで、実際は、これまでの自分が負った心の傷や不安、悔恨を無限に繰返すことになるのである。当然これでは、息子の心と本当の意味で向き合ったことにならない。

自分に共感することのほうが、他者に共感することよりもかえって難しい。まずは、自分が共感してもらうべき存在であると、自分で認めることが大事である。他者に対してなら、感情労働であろうがなかろうが、共感しているふりをすることもできる。しかし、自分で自分に共感するフリは絶対にできない。他人は騙せても、自分は騙せないからだ。

誰でも他者に共感する過程で、自分の問題が刺激され、浮上し、他者の問題と自分の問題との間で混乱をきたすことはある。けれども、その混乱は、自己の内面が成熟していくための通過儀礼とも言える、歓迎すべき混乱、真剣に対峙するべき混乱である。

要求したり、期待したりしない

ワークショップ終了後、母親は家に帰って、再び息子とたくさん話をした。

息子：僕はなぜ、生きることが楽しいと思えないんだろう。
母親：そう、今は楽しいと思っていないんだね。だから、ショボリしていたのね。

彼女は、子どもの気持ちをありのまま受け入れた。解釈したり判断したりせず、助言することも教え諭すこともしなかった。きわめて大切なことだ。

母親：今日の調子は、どう？
息子：今日もあんまり……。最近いつもこうだよ。
母親：わかるよ。本当に楽しくなさそうだものね。

ここでも彼女は、息子の心を急かしていない。息子と同じ目線で、息子の感情に寄り添っている。あえて導くようなことはせず、同じ場所にいてくれるという安心感だけを与えている。

母親：今日は誰かと会った？
息子：Aとゲームをしただけ。
母親：ゲームは、楽しかった？

その日、彼女は、息子とただお喋りをしていたというが、私の目には、彼女が息子とよい過ごし方をしたと映った。

繰り返しになるが、共感するのに質問の上手さは関係ない。いい質問があるのではない。子どもの話すことだけに気持ちを集中させ、関心を寄せることがなによりも大事なのだ。それが私の言う共感的態度であり、治癒への最短コースである。

母親が自分に何の下心も持たずに、大らかな気持ちで自分の「存在自体」にのみ関心を払ってくれているという実感は、子どもに、この上ない安心感を与えるだろう。そのような母親の態度は、息子に根気強く自分のことを語る力も与えてくれる。これ以上の共感の方法はないだろう。母親と息子だけではない。相手が配偶者であれ、他の誰であれ、どんな関係においても、等しく適用しうる原理なのだ。

4　傷ついた子どもに全身全霊をかけて謝ろう

共感ワークショップに参加したSという女性が、自身の悩みを手紙で打ち明けた。

「娘が中学三年生です。軽度の知的障害があります。娘は、これまで三年間、同じ学校で同じ担任の先生と生活しています。先日、子どもと一緒に一泊二日の修学旅行に参加しました。その間、先生はAという生徒と、ずっと手をつないで過ごしていました。盛んに褒めたり、先生自らその子に水を飲ませてあげたりするほどの可愛がりようでした。Aさんは、他の学生と同様に体は健康で、反抗的なところもなく、他の学生よりも従順で大人しいくらいです。

その時、以前娘が私に話した言葉を思い出しました。

〝先生は、Aさんとだけ手をつなぐの。他の人を差別しているのよ〟

娘が言ったことをよく考えず、その時は先生をかばうことさえしたのですが、修学旅行で娘の言葉を裏づけるような状況を目にしてからは、私も怒りが湧きました。Aさんを優遇すべき何らかの理由があるのか念のため調べましたが、そういう事実はありませんでした。先生の差別のことを、母親として何も知らなかったことにショックを受けました。そして、それまでずっと娘が感じていた心の傷に、胸が痛みました。

そのちょっと前には、娘が遅刻をし、日記も書いていなかったという理由で、楽しみにしていた体験学習から外されるという罰を受けました。特別支援学級の他の友だちは全員参加できたのに、ひとりだけ普通学級の生徒と終日過ごしたその夜、娘は悪い夢を見て〝アッ〟と叫び声をあげました。そしてその後、酷くどもるようになりました。社会適応訓練を受けた先の精神科医から精神安定剤を処方され、二か月半、服用しました。

その間、娘は、うまく話すことができないまま自分の心の中で苦しみ続けたかと思うと、私の胸はわなわなと震えます。〝私が子どもの気持ちを無視したせいだろうか？　慰めることしかしなかったからだろうか？〟そう自問しては、申し訳ない気持ちでいっぱいになります。娘が差別を受け、傷ついた事実を知った今、母親として私はどうしたらよいでしょうか。先生から学んだように、私の気持ちをありのままに表現することが正しいのでしょうか」

どのように対処することが、傷ついた子どもを楽にするだろうか。母親の自責の念と怒りは、どう表出すればよいだろうか。教師にはどのように対処してもらうべきだろうか。ワークショップに出席した人々の意見は、まちまちであった。

一．教師を訪ね、なぜ生徒を不当に扱ったのか問いただすべきである。
　↓母親：「それでは、子どもがさらなる不利益を被るのではなかろうか」
二．教師を信頼できないので、転校するのが賢明ではないか。
　↓母親：「子どもが望まない可能性もある。友だちと別れるのは簡単ではないだろう」
三．これまで学校で受けた傷について、子どもが感じたままを話してほしいと言ってはどうか。苦しかった時の気持ちを詳しく聞いてあげるのだ。
　↓母親：「苦しかったことを思い出し、子どもがまた悪夢に苦しんだらと思うと不安」

四．まず母親の過ちを謝るべきである。

→母親：「謝れば私の心は軽くなるかもしれないが、子どもの信頼を失うのではないか。他の問題が生じた時、再び私のせいにするのではないか。親の権威が損なわれ、今後、子どもが言うことを聞かなかったらどうしよう」

母親が二次加害者にならないために

私の意見は、まず保護し、見守るべき対象は誰なのかを考えることだ。娘、教師（と学校）、母親。当然、娘のことが最優先されるべきだろう。娘は未成年者であり、障害者であり、被害者である。母親の罪悪感や教師の問題は、二の次である。だから母親が、まず子どもに謝るべきである。

「直接見ていたら、あなたが前に話したことはすべて正しかったのだと、私もすぐ気づくことができたよ。あの時、お母さんがあなたの話を信じないで、先生の味方をしてしまったこと、謝るわ。本当にごめんなさい」

十分に謝ってから、「これまで学校に通っているうち、あなたの心はどうだったの」と問うてこそ、子どもは心を開く。

「お母さんの目にも、あなたの言うことが正しいと思えたよ。先生がその子だけを可愛がっていた時、どんな気持ちだったの?」

子どもがうまく答えられないようなら、さらに具体的な聞き方をするといい。「(Aさんや先生に)どうしてほしかったの? その子が嫌いになった? 殴りたかった?」

こんなふうに言ってあげるのもいい。

「あなたが先生やAさんを嫌いになっても、大丈夫だよ。だって、そんなに苦しんで、悔しかったんだから」

娘は、母親が自分の気持ちをやっとわかってくれたと思うだろう。

子どもにとって、それまでの母親は、実質的な二次加害者と位置づけられていたにちがいない。子どもが自分のつらい経験について話していた時、母親が詳しいことを聞かず、一方的に先生の味方になっていたためである。子どもがそう感じていたのなら、先生から受けた傷よりも母親から受けた傷のほうが、もっと苦しかっただろう。このことを放置したまま、先生から受けた傷の話をさせるのは、最も重要な問題を隠してしまう行為だ。

同じ謝罪するにしても、普通の謝り方ではなく、全身全霊で謝るべきである。そうしてこそ、子どもは再び自分の心を開き、本当の話を始めることができる。

母親が子どもに謝るのは、悪いことではない。子どもが積極的かつ自主的に自分の感情を表に出すことの助けになる。母親の謝罪、そして気持ちを聞くための質問は、娘がどんな状況にあっても、母親はそれを理解し、受け入れ、支えるつもりがあるということを娘に伝える行為である。

先生から罰を受け、普通学級の教室で終日過ごしていた日の夜、娘は悪夢を見て、小児精神科に再度かかることになった。その日、子どもにどのようなことが起きていたのか、母親はもっと具体的に尋ねてやるべきだったと、私は思う。詳しく聞くうちに、さらに知りたいことが出てきたら、それをもっと掘り下げ、初めて聞く話や、気づいていなかった子どもの感情に触れれば、「そうだったの、あの時、あなたはそういうことを言いたかったのね。それをお母さんは無視していたのね」と言って、再び謝るべきである。

そのような一連の謝罪と質問は、子どもの存在自体について初めて母親が向き合う行為である。「私があなたの心に寄り添い、あなたとともに心配し悔しがっている。私の心はあなたの心とともにある」というメッセージである。質問自体が、とても重要なメッセージを発信することになるのだ。格好よく話したり、忠告・助言・評価・判断をしたりするのがメッセージではない。こういう時の「忠・助・評・判」は、かえってメッセージを伝わりにくくしてしまう。

心の傷そのもの以上に、周辺の人たちからの否定がもっと苦しい

「苦しかった時の話を聞くことは、本人に当時の苦しさを思い出させ、さらに追い詰めることになる」。それが一般的な考えであろう。だが、それはちがう。娘は心に傷を負った時、その事実を母親に話した。それに対し母親は、同意ではなく先生をかばうような答え方をした。彼女は気づいていないかもしれないが、娘はそれを、母親からの否定と受け止めた可能性がある。そのため、それ以上話をすることができなくなったのかもしれない。

傷ついた話を思い出すから苦しいのではなく、傷ついたという話を否定された、否定されるかもしれないという不安のために、苦しいのである。それなのに、他人はそうは

取らないで、傷ついた体験について話すこと自体が当事者を苦しめると誤解している。繰り返して言うが、傷ついた体験を振り返るのが苦しいのは、その話が否定される、すなわち共感されないからなのだ。否定のうえに、「忠・助・評・判」が加われば、その苦しみはさらに増すだろう。

傷ついた体験について語ったことで、その傷口に塩を塗られるようなものだから、再び語り出せるようにするには、二重三重に安全だとわからせなくてはならない。繊細な神経の持ち主だからそうなのではなく、誰もがそうなのだ。

安全だとわかれば、傷を負った人はいかなる話よりもそれについて語ることを望む。自分の話をよく聞いてくれそうな気が少しでもした時には、不慣れな状況や見知らぬ人を前にした時でも、きっと語り出すだろう。理解してもらい、慰めてもらいたいからである。自分の傷に共感してもらうことで、その苦しさを振り払い、繰り返し襲ってくるフラッシュバックから脱することができるということを、人は本能的に知っているのである。

娘に対し、「今の母は、あなたを傷つけていた時の母ではない」ということを積極的に伝えるべきである。それを機に、娘の心は治癒し始めるだろう。

心の傷について話してしまうと、その傷がさらに口を拡げるというのが定説化すれば、治癒の可能性はますます遠ざかる。その定説の中で苦しみ続けた人は、人間不信に陥るだろう。人を決定的に打ちのめすのは、本来の傷よりも、その傷に対する周りの人の否定的な反応からくる、二次的なトラウマである。一次トラウマが銃で撃たれたようなものだとすれば、二次トラウマはそれに追い撃ちをかけるようなものだ。

謝罪には副作用がない

親の謝罪に副作用はないのか、ワークショップに出席した人の多くが気にしていた。断言するが、副作用はない。親の立場からではなく、子どもの立場から考えてみれば、すぐに答えが出るだろう。

ずっと子どもを苦しませてきた老親が、ある日、これまでの過ちについて心の底から謝ってきたら、子どもは何を思うだろう。そこに副作用はあるだろうか。もうこれで、親を無視しても、冷たくあしらっても構わないと考えるだろうか。気を遣う必要がまったくなって、思う存分見下すだろうか。親が自分の過ちを認めたので、これまで受けた傷と苦しみが蘇り、怒りを爆発させるだろうか。

いずれについても、正反対である可能性がある。むしろ涙があふれ、一生恨むべき対象だった親に対し、感謝の気持ちを持つようになるかもしれない。初めて心から憐れみを覚え、許す気持ちになるかもしれない。

親の謝る言葉が聞きたくて、それに一生こだわってしまい、爆発する人を見ることはあっても、謝ってもらってからおかしくなる人は見たことがない。許し難いほどひどい暴力を振るった親でさえ、本心から謝れば、子どもも自分の行いを振り返り、考えを改める。親に哀れみすら感じるようになるかもしれない。ずっととらわれていた自分の傷から、その時初めて、少しずつ解放されるであろう。心を込めた謝罪には、そのような力がある。副作用は全然ない。副作用があるというのは、まったくの誤解なのだ。

大人が謝れば、子どもが思い上がるのではないか？　大人の威厳が損なわれ、話を聞かなくなったらどうしよう？　そのような懸念も無用である。いや、むしろそれは考えるのを怠った保守的な態度であり、まちがった考えだ。子どもに謝ることが必要なら、全身全霊で謝るべきである。誠心誠意、謝れば、いかなる問題も起きない。

母親：お母さんは、心からあなたに申し訳ないと思っている。

娘　：お母さん、どうしたの。もう大丈夫だよ。

母親：いいえ、今日、私も本気で怒ったの。修学旅行で、あんなふうに差別する先生の姿を見た瞬間、あなたが前に話したことをよく聞かなかったこと、自分で自分に腹が立った。本当にごめんなさい。

子どもに全力で申し訳ないという気持ちを伝えるべきである。子どもが、困惑して言葉をはさんだり、話を避けようとしたりしても、子どもが納得するまで母親は話すべきだ。

親である自分が子どもを愛していることが「愛」ではなく、親が子どもを愛しているということを、子どもに感じてもらうことが「愛」である。謝ることも、同じだ。「私はまちがっていた」ということではなく、私がどれほど申し訳ない気持ちであり、胸が苦しいのかを子どもが感じ、子どもの心に沁み込むまで謝るのが、本当の謝罪である。子どもがよく理解できなかったようなら、腰を据えて、再度きちんと子どもに謝るべきである。

「お母さんの心はこんな状態だよ。あなたに対して本当に申し訳ないと思っている。本当だよ」

真剣に謝った後であれば、子どもの苦しい経験を、改めて聞くことができるし、そうするべきである。そこで初めて、子どもの傷が癒え始める。国家による暴力の被害者たちにも、同じことが言える。国の面子が立たないと思われるほど、国が謝ることが最初に必要なのだ。

子どもの学校での様子を把握した後、学校へ怒鳴り込むことよりも重要なことがある。それは、「今から先生のところへ行って抗議してくる。お母さんも我慢できないくらい、腹が立っているの。まちがっているのは先生で、あなたじゃないんだから」と先に子どもに言っておくのだ。

学校に抗議しに行くよりも先に、母親の気持ちを子どもに伝えることで、子どもの心はさらに安定する。そうしないと、子どもの心にはいつまでも学校生活における負担がのしかかり続けることになる。子どもを先に安心させてほしい。そうすれば、その次の段階においても、無駄なことに頭を悩ませずに済む。

学校に異議申し立てをしたり、場合によっては転校したりすることもありうる。その場合も、子どもと母親との間に安定した共感関係があれば、副次的な問題にもふたりで力を合わせながら立ち向かうことができる。母親と子どもの間に存在する「味方意識」は、ふたりの関係をより強固なものにするだろう。そうなれば、気持ちが安定し、頑張る気持ちも湧いてくる。

心を尽くして話に耳を傾ける

母親Sから二度目の手紙をもらった。

「この一週間、娘と多くの時を過ごしました。娘に対し、〝あなたが、先生から差別されているとお母さんに話してくれた時、その気持ちを無視して先生の味方をしたことを謝りたい。これからは、あなたの話にまず耳を傾ける努力をするよ〟と心を込めて話し、その次の日もまた話をしました。

私の言葉を聞いた娘は、心の掛け金を外してくれました。不当で、強圧的な先生の態度に対し、自分がいかに悔しい思いをしたかを繰り返し話してくれました。道を歩きながらの対話中、子どもの気持ちが高ぶった時には、母も同じ思いであることを一生懸命に伝えました。足を止め、そこにずっと立ったまま話を聞いたこともありました。子どもの目をじっと見つめながら、子どもの話が終わるまで聞き入りました。そのようにして毎日、一、二時間ほど、子どもは気持ちを吐き出すようにして話をしました。聞きながら〝この小さな子どもがこれほど多くの傷を負い、これほどの多くの話を溜め込んでいたんだな。大変な時間を過ごしていたんだな〟と思い、胸が詰まりました。

こうして一週間、子どもの話を聞きながら、私は、ようやく自分が真の母親になれたような気がしました。胸の中に熱いものが込み上げ、体の芯まで温くなる貴重な時間でした。

娘は、叱られるのが怖いから、先生には話さないでと言いました。しかし、そのまま放っておくには、私はあまりにも多くのことを知ってしまいました。とても気持ちが収まりません。お母さんが先生と会い、順を追って話し合うから心配しないでと、何回も伝えて安心させてから、学校を訪ねました。応対した先生に、子どもから伝えられた言葉と、私の気持ちをすべて正直に話しました。そのうち、先生の目に涙が浮かび、それを見た私の胸も詰まり、声が震えるのをおさえられませんでした。今後は、このようなことがないようにと、よくお願いしてその場を辞しました。

二年半もの間、子どもの心は青アザだらけだったはずなのに、母親の私は〝先生にお任せすれば大丈夫〟と安易な気持ちで、事実にフタをし続けていたことを、今もまだ子どもに謝りたい気持ちです。娘が先生から嫌われるのを恐れ、私も先生から変な母親として見られるのが嫌で、本当の気持ちから目をそらしていたのかもしれません。自分の無知蒙昧さに、ほとほと呆れます。

私はいったい何をそんなに恐れていたのでしょう。今回のことをきっかけに、勇気をふるい、私の気持ち、私の心と積極的に向き合い、外に向かって示す努力をしていきたいと思いました。娘と一生忘れられない貴重な時間を持てるようにしてくださり、先生には心より感謝申し上げます」

娘に謝ることが正しいと信じ、娘の心を正しいと信じた彼女に拍手を送りたい。娘も正しく、母も正しい。人の心は、常に正しい。

5 たとえ相手が子どもでも、忠告・助言・評価・判断しないこと

「〝死にたい〟

娘が、いつからか、このような言葉を口にするようになりました。ショックでした。〝この子はそんなに大変だったのか〟と思うと、親として虚脱感と自己嫌悪に襲われました。お酒を飲んで夜遅く帰宅することを心配する私に対し、娘は〝お母さんは、いつもそうやって私を縛ろうとする。私をお母さんの思い通りにしようとしている〟と言って、頑なな態度をとりました。あなたを心配しているからだとは言いましたが、娘の素行不良を改めさせたいと思ったのもたしかです。

私は娘が幼いころから今までずっと、〝なぜ、この子はこんなことを言うのか〟ということについて、真剣に考えたことがありませんでした。私の考えを、押しつけるだけでした。それが、親の義務だと考えていたのです。いつのことだったか正確には

覚えていませんが、娘が〝私はいまだにお母さんの目を気にしてしまう〟と言いながら、涙をぼろぼろ流したことがあります。

うつ症状とあがり症を発症させた娘は、大学院を休学し、家に引きこもるようになりました。街に出ることはほとんどしなくなり、買い物はもっぱらインターネットの検索サイトを利用しています。今では完全に昼夜逆転の生活です。たまに夜出かければ酒を飲み、帰宅はたいてい午前、外泊する日も増えました。

そのたびに衝突し、娘は私にこう言いました。

〝私の二七年間の人生、お母さんがすべてのストレスの原因〟

〝子どもを愛するがゆえ、なんて言わないで。それは、お母さんが望んだ愛であり、私のものではないんだから〟

娘に完璧を求める私が、ストレスの主な原因であったことは認めます。娘によりよい人生を歩んでほしいと願い、干渉し、小言を言ってきた私は、それを愛と錯覚していたのでしょう。

娘は、〝二七年間生きてきて、今が一番幸せなの。これを邪魔することは、私に不幸になることを望んでいるのと同じだよ〟と、きつい調子で言います。酒を飲んで夜中の街を徘徊することを、母から解放された幸せな時間だと言うのです。自分はもう成年なのだから、それをわかってほしいと、懇願しているようにも見えました。

〝お母さんは私が幸せなのが気に入らないの？　私は今まで、すべてお母さんが気に入ることしかできなかったのよ。私が、これまで、どれほど苦しんできたか、お母さんにわかる？　夜が明けるたびに、死にたくて毎日泣いていたのよ〟

それを聞いて、電流を流されたようなショックを受けました。私から受けた傷で苦しんでいる娘に、母親として何をしてあげられるでしょうか？　人は誰でも個別的な存在であると認め、尊重すること、私にはそれがうまくできません」


母親を加害者として拒む娘の心に、どうやって近づき、助けることができるだろうか。子どもの何に共感してあげるべきだろうか。子どものどこに、「存在自体」のドアを開くノブがあるのだろうか。ドアノブを探し、共感すれば、本当に娘の心の奥が見えてくるのだろうか。

一見すると、娘の問題行動が深刻で、きわめて厳しい状況にも思える。しかし、彼女は、テストを出題すると同時に正解も教えてくれる先生のように、繰り返し自分の「存在」を母親に匂わせている。母親に、心の壁を手探りで進むことを求めず、ここがその場所なのだと、大声で教えている。どこがドアであり、どこがノブであるのかを、ちゃんと示していたのだ。

子どもは、自分の心の内を親に知ってもらいたがるものだ。それを親が勝手に目をつぶり、戸惑いながら手探りしているだけである。存在の核は感情であると、これまでにも私は何度か述べてきた。それがドアノブである。彼女の感情が十分に共感されれば、その力でノブが回り、心の奥底に入り込むことができる。そこから治癒が始まる。

まったく同意し難い心の声であっても、正しいと認める

現在、母親に対し、娘が最も差し迫って語る話、すなわち「存在自体」から発せられる心の声は、「二年間、毎晩、死にたい気持ちだった」ということと、「生きてきた中で、今が最も幸せだ」ということであり、いずれも母親にとってはまったく同意し難いものであろう。しかし、娘の心が母親のそれと異なっても、娘は正しいのだ。誰かの心は、他者から正しいとかまちがっているとかいって判断されるべきものではない。（感情や気持ちといった）心は、忠告・助言・評価・判断の対象ではなく、絶対的に尊重されるべき存在の核なのだ。

私が母親なら、娘に、まずこう言っただろう。「毎日、夜が明けるごとに死にたい気

持ちだったんだね。それほど大変だったんだね。どんなに苦しかったことでしょう。なのに、私はそんなこととも知らずに眠りこけていたのね。本当にごめんなさい」と。死ぬほど苦しんでいる娘の心に寄り添い、それを認め、受け入れただろう。死にたいと思うほどの地獄だったのに、その苦しみを母親が知らずにいるとわかって、娘はどれほど落胆し、絶望しただろうかと考えたのだ。それから、こう言っただろう。「そんなに苦しんでいたのに、生きていてくれてありがとう。お母さんは何の役にも立てなかったのに、ここまで耐え抜いてくれたことがありがたい」と。

母親に対し、娘が明らかにしている気持ちがもうひとつあることにも注目したい。不眠と酒で夜を明かしている今が最も幸せだ、というところである。私なら、「あなたがそれで幸せなら、よかった。お酒があなたを助けてくれたんだよね。酒を飲むなと小言ばかり言って、ごめんなさい。お母さんがお金をあげるから、飲みたい時に気軽に飲んで。おいしいおつまみでも食べながらね。とにかく、あなたにまだ幸せを感じることがあって、お母さんはそれが嬉しいの。本当によかったわ。これまでよく知りもせず、見当ちがいのことばかり言って本当に申し訳ない」と話しただろう。

読者は、「どうしてそこまで言う必要があるのか?」「やりすぎじゃないか?」「お金まで渡して飲酒を勧めてもいいのか?」などと反問するかもしれない。だが、やりすぎではない。出血多量の傷に対する緊急処置の最善策は、傷口より心臓に近い部分をきつく縛って止血することだ。太ももに深手を負って出血が酷い時、きつく縛ると痛いから緩くしようとは、誰も思わないだろう。

これと同じで、今の娘にも、共感と呼ばれる止血のための緊急処置を、日常的な行為ならやりすぎと思えるくらいにやらなくてはならない状況なのだ。母親のやりすぎとも思える共感行為は、「私にとってあなたの心以上に重要なものは何もない」というメッセージである。あなたがいかなる行動をとろうと、お母さんは勝手に判断したり結論を出したりせずに、あなたを全面的に尊重するという、母親の「存在自体」から発せられる渾身のメッセージなのだ。

共感における「啓蒙」「訓戒」の正体

その母親は、私との対話の後、娘に心からわびたという。そこまで言う必要があるのかと思われるくらい、自分の気持ちを話したそうだ。初め娘は、「何もわかっていないくせに、今になって共感するふりなんかしないで！」と声を荒らげたという。ところが、二週間ほど経つと、娘に変化が現れた。夜中にパソコンの前に座る時間が減り、早く寝るようになった。昼夜逆転していた生活も少しずつ正常に戻った。酒を飲んで夜遅く帰ってくる日も減った。こんなことは何年ぶりだろうと、母親はしみじみ語った。

それから二か月ほど経ったある日、娘が、胃が痛いと言って、母親に病院の付き添いを頼んできた。母親は、神様が与えてくれたチャンスと思い、喜んで同行した。そうやって娘のドアノブに手をかけることに成功した彼女は、娘と新たな気持ちで向き合うことができるようになった。

共感とは、自己と他者との間の相互的な交流である。一方、啓蒙や訓戒は、自己の存在だけに重きを置いた、一方的な行為である。私はすべてを知っていて、あなたは何にも知らないということを前提としているのだ。共感を問題にした心の領域においては、啓蒙や訓戒が心理的な暴力になることがあるので、十分な注意が必要である。

「お酒を飲みに行くことが、どうしてそんなに幸せだったの？」

娘の心と私の心とは別ものである。どうしても理解できないことがあるなら、娘に尋ねてみるべきである。聞こうともせず、知ろうともせず、一方的に自分の考えだけを主張するのは愛でも教育でもない。それは、心理的な暴力だ。

酒を飲んで体を壊しても幸せだという娘の心が理解できなくても、それは母親の心の問題だ。娘には娘の心があり、娘なりの理屈がある。それは、娘とまったく同じ経験をしないかぎり、自然と理解できるものではない。だから母親は発想を変え、彼女の心の声にひたすら耳を傾け、いっさいの先入観を捨てて共感した。それでやっと娘から、「お酒を飲んでいる時、本当は悲惨な気持ちになることのほうが多かった」という話を聞き出すことができた。

「存在自体」に気持ちを集中し、そこにある感情や気持ちについて問いかける。そうしてたくさんの問いを発しているうちに、次第にその人の心がはっきりと見えてくる。「そうだったのね」「それはどのような心の働きがそうさせたの？」「あなたその時、どんな気持ちだった？」などと、卓球のラリーを続けるように言葉を交わす間、ふたりの心は徐々に周波数を合わせていく。そして、互いの言っていることがはっきりと聞こえ始める。それが、共感、あるいは共鳴である。

誰かの心の声を聞く時は、忠告・助言・評価・判断をしてはいけない。忠・助・評・判は、別名、「（社会的・倫理的に）正しい言葉」である。正しい言葉は、時に暴力的である。私は、まちがった言葉に傷ついた人よりも、正しい言葉に傷ついた人を、はるかにたくさん見てきた。これは事実である。

6　共感のために嘘をつくのは正しいこと？

後輩が、不安な面持ちで私のところへ相談にやって来た。五歳の子どもが、保育園を変えて半年ほど経ったころから、毎朝、行きたくないと大騒ぎするようになったという。友だちが一緒に遊んでくれないと泣く日もあった。母親が話を聞いてみると、実際に友だちとうまく過ごせていないようだった。五〜六歳の女の子たち五人がいつも一塊になって遊んでいたが、そこに彼女の子どもは入れてもらえず、つらい思いをしているとのことだった。

担任の先生に相談すると、逆にうちの子どものほうに問題があると言われた。自分が遊びの主役になれずに泣いて、友だちから嫌われているようだ。お母さんから子どもを諭しよく指導してほしい、というのだ。そこで、後輩夫婦と夫の両親は、毎日その子を諭した。「泣いてばかりいないで、友だちともっと仲良くしてあげて。そうすれば、喜んで遊んでくれるよ」と。それでも保育園に行きたくないという子どもをあやしたり、慰めたり、時には叱りながら、保育園に連れて行った。

ところが、いつのころからか、子どもがトイレに行く回数が増えていることに気づいた。しかもその頻度は、きわめて深刻だった。ある日、数えてみると、一日に三〇回以上トイレに行っていることがわかった。病院を訪ね、何度検査しても、医者は、体のどこにも異常はないという。そして、「この子は何か強いストレスを受ける環境で生活しているのか」と、意外なことを言った。その後、保育園に現在の子どもの状態を伝えたうえで再度相談したが、先生は「友だちと仲良くさせる努力をしている」の一点張りだった。子どもの状態は一向によくならず、トイレに行く回数も三〇回から四〇回と増え、とうとう五〇回くらいになることもあった。

後輩の話を聞いて、すぐに私は、保育園を休ませるようにと言った。状況をよく知りもせずにした助言ではない。それだけトイレに駆け込む回数が増えるほど強いストレスを感じている環境からは、できるだけ早く距離を置くべきだという判断だ。

私は、その子がくつろげる環境を自宅に確保したうえで、母親が寄り添って過ごせるようにしてあげてほしいと話した。そして、子どもにどのようなことが起きていたのか、じっくり聞いてあげるといい、と言った。何よりも必要なのは、そうやって子どもの状況を詳細に把握することだ。

母親が「もう保育園には行かなくていいよ。保育園に行って心が苦しかったのだから、家の中で休みましょう。これからは家で遊んでいていいよ」と話すと、子どもは大変喜んだ。トイレに行く回数は、依然として変わらなかったが、母親に保育園で起きたことを少しずつ話すようになったという。

「あのね、お母さん、友だちが、私を仲間に入れないように、走って逃げたんだよ。六歳のお姉さんは、私にだけ青の紙をくれて、他の子たちには可愛いピンク色の紙をくれるの。一緒に遊びたくて、あの子たちの集まっているところに行くと、〝あんたは入れてあげない〟と言って逃げて、ドアをバタンと閉めちゃうの。私は、悲しくてドアの前で泣いたの。毎日ひとりぼっちで遊んでいたの」

保育園であった出来事を、子どもは次々と語った。なぜ、お母さんにそのことを言ってくれなかったのと聞くと、子どもは「私が保育園に行きたくないと言っても、お母さんは毎日行きなさい、と言うだけだったでしょう。お母さんが怒っていると思ったから、話せなかったの」と答えた。保育園の先生になぜ話さなかったのと重ねて問うと、「先生が私の話を信じてくれないと思ったから」と言って、シクシク泣き出した。そして、「その友だちをお母さんに叱ってほしい。私がそれを、横でこっそり見ていたいの」とも言った。

さらにその子は、なぜそんなふうに思うのかを母親に説明した。

「私のことだけを考えているんじゃないの。他のお友だちも私みたいに仲間外れになるのが心配なの。私はあの保育園に行かないけれど、他のお友だちはまだ通っているんだもの」

何度でも相槌を打ち、怒りを共有する

私は後輩に、子どもの目を見ながら話を聞き、全身全霊をかけて共感してあげて、と言った。その後、後輩は、子どもの話を丁寧に相槌を打ちながら聞くようになった。自分を仲間はずれにした五人組に対する怒りを吐き出せば、一緒になって腹を立てた。共感する母親の心が伝わるように、大きな声で、はっきりと返事をした。

「あなたからあの五人組の話を聞いて、お母さんもすごく腹が立って、一晩中眠れなかったのよ。まったく、なんて子たちなんでしょう。さぞ、悔しかったでしょうね！　お母さんが叱ってあげるね。どうやって叱ったらいいと思う？」。そう伝えたら、子どもは、「本当？　じゃあ、お尻をぶって。ほっぺをつねって。大きな声で怒って」と、いろんな提案をした。

そうこうするうちに、ある日、彼女は「お母さんが保育園に行って、あの五人組を呼び出して大声で叱ったよ」と子どもに話した。もちろん、嘘だったが、子どもの話に耳を傾け、一緒に腹を立てているうちに、そう言って慰めてあげたくなったのだ。本当のことのように話すのは大変だったが、できるかぎり、子どもが信じるように工夫しながら話した。

「保育園に行って、五人組を並ばせ、〇〇子はげんこつで軽く一回叩き、〇〇子は涙が出るくらい頬をつねったよ。〇〇子は一番悪い子だから、げんこつで五回、頭を叩いたよ！」

子どもたちの名を挙げて、一人ひとり、どのように叱ったのか、どのように罰を与えたのかを説明した。

「友だちに悪いことをした子は、罰を受けるべきね。だから、これから一か月間、おやつを抜きにするよう、先生に頼んでおいたよ！」

子どもは、自分を仲間はずれした五人組が母から叱られる話にじっと聞き入り、合間にたくさんの質問をした。その子はその時、どんな顔をしていたのか、あの子はお母さんの話を聞いて泣いたのか、どのくらい泣いたのか、何て答えたのか、おやつは一日に何回食べられなくなるのか、二回とも食べられないのか、等々。その後、同じ話を何度もせがまれたので、初めに語ったのと同じ内容で話すのに苦労した。同じ話を三回聞いた子どもは、そこで涙を目に浮かべながら、こう話したという。

「お母さん、ありがとう。私は、もう自由だよ」

私は初め、五歳の子どもがそんなことを言うとは信じられず、本当に？　と、何度も後輩に聞き返した。でも、本当だった。

その後、トイレに行く回数は少しずつ減っていった。それでも、たまに怒りがぶり返すようで、子どもはその後も何度か同じ話をしたという。そのたびに、家族みんなで腹を立て、相槌を打った。母親だけでなく、父親も我慢がならず、保育園に飛んでいって五人組をビシビシ叱ってやった、と話した。もちろん嘘だ。

こうして、徐々に五人組の話をしなくなり、新しい保育園に通うという時になって、子どもが再びその話を始めた。

「お母さん！　あの子たちがどれだけ悪い子か、ポスターにして新しい保育園と町に貼ってほしいの」

子どもがそういうので、今度もまた、母親は「うん、うん」とうなずいた。そうすると子どもは、すぐにそれを忘れてしまい、今では新しい保育園に元気に通っているらしい。

五歳の子どもの心の痛みに、全力で共感した母親のおかげで、子どもは自分が「自由」になれたと感じた。あの時子どもが「もう自由だよ」と言ったのは、どういう気持ちからだったろうか。

誰かが心の痛みを感じている時、多くの人は全力で共感しようなどとは思わない。「そんなことをしたら、友だちが悲しむよ」「あなたのほうから歩み寄るべきだ」といったように、小手先の助言や忠告だけで済ませてしまう。
だが、そのようなやり方で、心の痛みを軽くすることはできない。この母親のように全身全霊を傾けなければ、心の重荷は軽くならないのだ。共感すると、エネルギーが消耗するのは、当然だろう。

共感のために嘘をついても大丈夫?

後輩が子どもに共感する過程で話したことの中には、いくつかの嘘が含まれていた。しかし、彼女は、かりそめの「共感ショー」を演じていたわけではない。子どもを苦しめた友だちのことが腹立たしかったのは本当であり、友だちを叱りたい気持ちにも嘘はなかった。ただ、本当に叱ることはできなかったため、子どもに空想を語って聞かせ、娘の怒りを鎮めたのである。

理由はどうあれ、嘘をついてはいけないと思う人はいるだろう。子どもを守るという大義名分があったとしても、母親が子どもに嘘をついたことに変わりはない。後で子どもがあの五人組と再会したら、それが事実でなかったことを知り、親に騙されたと思うのではないか。あるいは、子どもが、再び同じよう問題を抱えた時に、同じ要求をしてくるかもしれない。人間関係のトラブルを、暴力を使って解決したと親から聞かされた子どもが、自分もまた、しかも今度は本当に、暴力を使って解決しようとするかもしれない。このように、さまざまな疑問を投げかけ、反対する人もいるだろう。

子どもの苦しみに共感するために嘘をついたのは、間ちがいない。問題はそれを正当化できるかどうかだが、これに対して私は、次のように述べたい。

まず、この子どもは、後で母親に対し、「なぜ、殴ってもいないのに殴ったと言って私を騙したの？」と言うだろうか。私は、言わないと思う。哺乳瓶が偽の「ゴム乳首」であることを後で知っても、子どもが母親に裏切られたとは思わないように、自分を苦痛から解放してくれた母親の嘘に、感謝することはあっても、怒ることはないはずだ。

それでもまだ、この種の嘘をついたことで心を重くする親がいるかもしれないので、もう少しこの問題を考えてみよう。五歳の子どもと母親との間で交わされる日常の小さな嘘は、同じ年齢の子どもを持つすべての親と子どもの間に起こりうることだ。しかも実際は、五歳の子どもであろうが、三〇歳の子どもであろうが、それほど事情は変わらない。親子だけでもない。善意の嘘は、愛する者同士なら、誰でも起こりうる日常的な出来事である。

緊急事態では、救急措置が最優先される

五歳の子どもとその母親との間で交わされた共感についての話を受けて、思春期の子どもを育てているという別の母親Bが、涙ながらに次のことを語り出した。

「私は、子どもが自分の苦しい胸のうちを語ろうとする時、それが五歳であろうと、一七歳であろうと、話している内容の是非を、母親である私が勝手に判断し、本人の言い分は後回しにしていました。今、振り返ると、子どもが自分の気持ちを言おうとするタイミングを、まるで無視していたと思います。子どもは、耐えに耐えて、やっと自分の心の内を母親に語ろうとしていたというのに。

子どもは、母親にＳＯＳを送っていたのです。子どものことを最優先に考えていれば、間ちがいなくそのＳＯＳに応えることができたでしょう。でも、私はいつも子どもに対し、その是非を考え、〝それではダメだ。真っ当な人間に育てなければ〟との思いで、本人よりも他者への配慮を優先していたのです。私は〝しつけが大事〟と思いながら子育てをしてきました。でもそれは、他の人から後ろ指をさされないようにするのが一番の目的でした。アドバイスにはタイミングも大事なのに、そのタイミングを外せば子どもが極端な行動に走るおそれもあるというのに、私はそれを無視しました。今となって

は、子どもが無事でいてくれていることが救いです。生きてくれてさえいたら、後のことは後になってから考えればよいのですから」

「タイミング」という言葉が、参加者の心に刺さった。私たちの心の中には、一見、緊急事態に見えない緊急事態があちこちに潜んでいる。救命は、医療の専門家が現場に到着するまでの間、いかに迅速に蘇生処置を講じるかが勝負だ。私たちが日常的に行う共感を、誰かの命を救う迅速な蘇生処置と位置づけ、「心理的ＣＰＲ」という別名で呼ぶのも、蘇生処置の基本が体の傷でも心の傷でも一緒だからである。母親Ｂの話を聞いて、参加者たちが「タイミング」という言葉に反応したのは、自然なことだ。ＣＰＲの肝は、タイミングだからである。タイミングを逸してしまうと、大切な命が失われるか、もし救えたとしても深刻な後遺症を残す危険がある。これを後から治療するには、大変な時間と労力を必要とするだろう。

一日に四〇~五〇回もトイレに行かなければならない五歳の子どもの心身は、大人ですら耐えがたい、きわめて深刻な状態だったにちがいない。子どもが母親に向かって発した言葉は、一一九番の要請のようなものだ。緊急の要請には、それに準じた対応が求められる。一一九番の要請を受けて出動する救急車に、スピード違反の取り締まりは適用されないのだ。

母親Bの話を聞いて、未婚の若い女性Cが発言した。心に闇を抱え、苦しみ抜いていた二一歳のころの話だ。彼女は、自分の母親に電話し、すがる思いでこう尋ねた。

「お母さん、もし私が人を殺したら、どうする？」

Cの母親は即座に答えた。

「人を殺したら、刑務所に行くべきよ」

その答えを聞いた時の思いを、Cは次のように語った。

「それほど悲しくはありませんでした。その時は、いらいらしながら電話を切ったつもりでしたが、後になってみると、それ以来、母に対して何かを期待することは諦めたように思います。〝人を殺したら刑務所に行く〟。そんなことを私が知らないはずはありません。私が聞きたかったのは、ただ慰めの言葉だったのです。それが本心からの言葉であろうが、嘘であろうが、関係なかったのです。私のために言ってくれた言葉というだけで、十分だったでしょう。きっと、先ほどの五歳のお子さんも、そういう気持ちだったのでしょうね」

Cは、そう言って、はらはらと涙を流した。五歳の子どもと自分を重ね合わせているようだった。

刑務所に行くべきだという母親の発言は、質問の意味をまるで取りちがえた、小学校一年生レベルの回答である。下手をすると、それ以下かもしれない。母親にとっては、娘が突拍子もないことを言い出したくらいの話だったのだろう。しかし、娘にとっては、平穏な日常には程遠い、きわめて差し迫った状況だったのだ。
「お母さん、もし私が人を殺したら、どうする?」という質問は、娘が母親に送ったSOSである。そんな母親も、Cが赤ん坊のころには、子どもが泣いているのはお腹が空いているからなのか、おむつが濡れているからなのかを、見事に察知できたはずだ。

子どもの、言葉にもならない声が意味するところを、すぐに理解していた母親なのだ。その母親が、認知症でもないのに、どうして娘の言葉の意味を、そこまで聞き取れなかったのだろうか。

数年後、Cは母親との会話が自分の心を大きく傷つけていたことに気づき、その時なぜそう答えたのかを、再び母に尋ねた。

「そうね、私も、なぜかはわからないわ。きっと、そう言うべきだと思ったのよ。そうすれば、あなたが道を外れないで、まともな人間になると思っていたんだね」

賢かった母親を愚かな母親にしたのは、自分の子どもをまともな人間にしなければならないという強迫観念だったのかもしれない。

そして、果たしてそれは、Cの親だけの問題だろうか。多くの親が、これとよく似た反応を見せているのが実情だ。たいていの親がこういうだろう。「子どもを傷つけるためにしたことではない。子どもにまともな道を歩いてほしくて、正しく導かなければならないと考えて、それが親の義務だと思って、そうしたことだ」

しかし、それはちがう。深く考えずにそうしたにすぎない。それは、教育の名を借りた、無知で怠惰で、そのくせきわめて横暴な態度だ。いまだに多くの親が、子どもに教えるべき最も重要なことのひとつとして、絶対に嘘をついてはいけないということを挙げているのが象徴的である。まちがった道徳観念を惰性的に信じ、それを下の世代に押しつけることは、人の心の多面的な理解を妨げるだけだというのに。

五歳の子どもが再び母親に「友だちを殴って」と頼んできたらどうする？　その心配を捨て切れない人には、次のような事例を考えてもらいたい。職場から帰宅した夫の表情が冴えないので、妻が「会社で何かあったの？　どうしたの？」と聞くと、夫が腹立たしげにこう答える場面だ。

「今日、部長に何度も嫌味を言われたよ。午後には社長室に呼び出された！　くそっ！」

その時、彼の奥さんが、「あなたのような真面目な人が、なんで嫌味を言われなきゃならないの！　私が会社に行って、文句を言ってこようか？」と啖呵を切ったら、果たして夫はどうなるだろう。奥さんが、会社に乗り込むと本気では思っていないものの、彼女が自分に味方してくれているという実感が、すでに心の傷を癒しつつあるにちがいない。人の心とは、そういうものなのだ。

嘘をついてはいけない。その言葉を額面通りに受け取って、奥さんが思ったことを口に出したら、どうなるだろう？

「なんでもっと部長さんに気を使わなかったの？　そんなことでは会社での立場が悪くなるに決まってるじゃない！」

これでは家庭の平和が保てるわけがない。と言って、世の中の正義が守られたというのともちがう。どちらにせよ、得する者は誰もいない。

子どもだって、同じだ。だから、親が、「悪い子を叱った」と嘘をついたからといって、騙された子どもが何度も同じことを要求してくるなどと心配する必要はない。子どもが何も考えずに、親のしたことをそのまま受け取るわけがない。むしろ子どもは、大人よりも友だち関係を重視するぶん、嘘をエスカレートさせるようになるとは考えにくい。「問題が起きるたびに、お母さんが友だちを叱っていたら、今に友だちみんなが自分から離れてしまうんじゃないか？」「友だちが私のお母さんを怖がってしまい、私まで嫌われたらどうしよう？」などと、大人より深刻に考えるものだ。どんな些細な日常も、その子にとっては当事者の問題なのだから。

大人にはつける「罪のない嘘」を、子どもにはつけないと考えてしまうのは、親が子どもを独立した一個の存在として見ていないからだろう。親が自分で考えるように、子どもも自分で考える。夫にする罪のない嘘は心配しないのに、子どもに嘘をつくことをやたらと恐れるのは、子どもを教育の対象としか見ていないからである。子どもは、親が教えなければ何もわかっていない存在だと固く信じているのである。

十分な共感だけが子どもを成長させる

人間社会における集団的無意識のひとつに、嘘に対する忌避がある。もちろん私だって、あらゆる嘘を許すべきだとは思っていない。しかし、嘘をついてはいけないという強迫観念に縛られすぎると、人の心を正しく見るのが難しくなるということにだけは気づいてほしい。たとえば、先生に「○○くんが、今どこにいるか知っているか?」と聞かれた生徒が、親友をかばおうとして「トイレに行きました」と答えたが、嘘であることがばれてしまい、先生は「嘘は絶対に許されるべきではない」と言って、その生徒を叩いて処罰したという話がある。嘘をついたのはたしかにいけないことだが、友だちを庇う気持ちには共感すべきである。したがって、先生は、叩くほどの罰を生徒に与えるべきではない。

学校にせよ、親にせよ、正義や道徳に対する強迫観念が共感の妨げとなり、致命的に人の心を傷つける場面は、実際に数多く見られる。

憲政史上、最も破廉恥で不道徳であり、浅ましいまでにお金への執着を見せたとされる元大統領（訳注：李《イ》明博《ミョンバク》第一七代大統領）のお母さんは、生きている間ずっと子どもに対して正直であれ、と教えたそうだ。そのお母さんは、自分もそのように生きたと聞く。しかしながら、息子であるその元大統領は真っ赤な嘘ですべての国民を騙し、とんでもない額の賄賂を受け取った嫌疑で刑務所に入っている。正義や道徳の観念と、実際の人間の行動は、別である。人を動かすのは、正義や道徳ではない。

母親から十分に共感され、自由な心を得た子どもは、傷ついていたかつての「自分」とは異なる、新しい「自分」へと成長する。共感を十分に受けた子どもは、再び同じような状況に遭遇しても、以前の状態に戻ることはないだろう。

天気は、風力、温度、湿度、気圧など、あらゆる要素の相互作用で、毎日変化していく。人の心も、そうだ。一時も固定されることなく、常に動き続け、変化する。共感による治癒を経た心は、確実に成長へと向かう。そのようにして、子どもは「もうひとりの別の子ども」になる。

人の「心の理（心理）」がわかっていれば、罪のない嘘と、ついてはいけない嘘との区別くらいはつくだろう。暴力で問題を解決していいのか悪いのか、それくらいの常識は自然と覚えるだろう。心の傷が癒される過程で、五歳の子どもは、「この苦しみが、永遠に続くわけではない。いつかそこから抜け出すことができる。お母さんは、いつも、私の味方をしてくれている」ということを、本能的に学び取る。そのおかげで子どもは、これからの人生を力強く生きることができる。すべての人が、そうした親子のように、素直な心で共感力を育むことが大切だ。

「存在自体」に気持ちを集中し、そこにある感情や気持ちについてたくさんの問いを発しているうちに、次第にその人の心がはっきりと見えてくる。

「そうだったのね」

「それはどのような心の働きがそうさせたの？」

「あなたその時、どんな気持ちだった？」などと、卓球のラリーを続けるように言葉を交わす間、ふたりの心は徐々に周波数を合わせていく。

そして、互いの言っていることがはっきりと聞こえ始める。

それが、共感、あるいは共鳴である。

安全だとわかれば、傷を負った人は
いかなる話よりもそれについて語ることを望む。
自分の話をよく聞いてくれそうな気が少しでもした時には、
不慣れな状況や見知らぬ人を前にした時でも、
何らかのかたちでその話をすることが多い。
理解してもらい、慰めてもらいたいからである。

エピローグ　生活の真ん中で感じて経験したこと

「私は精神科医ではありません」。精神科医の資格を得て久しいが、狭い分野にとらわれたくないと思っているので、そう言うことにしている。私は、心理治癒の現場に携わる「ひとりの人間」。それ以上でも以下でもない。この本も、専門家として書いたつもりはなく、「ひとりの人間」としての私が、全身全霊で体得した心理療法についての経験と、そこから導き出された結論を書き記したものである。私の心の底から湧き上がる言葉を、できるだけそのままの形で活字にすることを心がけた。

その間、私の伴侶でもある夫が、いつも側にいてくれた。私の経験したすべてのことを、彼と共有してきた。実践的にも、象徴的にも、である。私たちは、お互いを支え合うパートナーである。私の経験は、彼との暮らしの中から生まれた気づきに満ちている。

彼に言わせると、私は別名「悲しみの天才、幸福の天才」なのだそうだ。心に痛みを抱えた人がいれば、詩の一節にもあるように、「一番早く泣き始め、一番遅くまで泣く」。どんなに些細な日常の中でも楽しさを見つけ、喜びを感じる。ただし、私のこうした感情面における天分は、伴侶からもらった豊かな共感に依拠していることを、私は誰よりも理解しているつもりだ。

互いに寄り添い合ってきた私たちの人生は、そこに流れた時間のぶんだけ心を軽くし、知識や考え方はいっそう豊かになった。そこに、さまざまな人たちとの出会い、そして多くの経験が加わった。

大きな仕事を前にした時など、私たちは半ば冗談ではあるけれど、よくフロストの詩を引用しながらふたりの役割を確認し合う。

雨が風に向かって言った、
「君のひと押しがあれば、激しく降って見せるよ」
——ロバート・フロスト「なぎ倒された花」（藤本雅樹・訳）より

夫も、その自著『私の心が地獄だった時』（二〇一七年）のエピローグで、この詩を引用している。その時、私の役割は風であった。私が強く押し、彼は激しく降り注いだ。

今回は、私が雨となる番だ。多くの人に繰り返し聞かれた質問の答えを、雨を激しく降り注ぐように、文字に起こした。

質問の内容は「専門医にかからなくても、自分でできる治癒法はありませんか?」である。その質問にきちんと答えるのが、私に与えられた使命と考えた。そして、本書が完成した。いかなる種類の人間関係であろうと、いかなる種類の葛藤であろうと、幅広く心の問題に役立つ「共感」の本質を明らかにすること。それが本書の主題である。

共感の実体を知り、毎日の暮らしに活かすことができれば、多くの場合、専門家を頼らなくても心の傷は治る。治療を続けながら普通の生活を送ることもできる。人間関係の悩みや葛藤を未然に防ぐ効果があるので、無駄なエネルギーの消耗も減らすことができる。その確かな認識にもとづいて、解剖学者のように、共感の実体を、一つひとつ開示したいと考えた。

この本は、机の上や病院の診療室から導き出された理論ではない。息絶え絶えになり、胸の張り裂けそうな思いで苦しむ人たちの果てしなく続く日常に寄り添い、彼らの心の奥底に触れた経験から得た私の結論、私のエピソード、私の事例集である。武術にたとえるなら、見た目の派手な演武ではなく、威力重視の実戦格闘技ともいうべきものの極意が、この本には書いてある。底なしの沼でもがく人を引き上げ、蘇生するための指南書なのだ。

私の見解、私の結論を、既存の精神医学の枠の中へ無理に押し込めようとは思わなかった。私の現場経験にもとづく見解を述べるに際し、理論的な言い回しに気を使ってみたり、理論的に単純化したり、理論的な矛盾のないように話をすり合わせたりすることもしなかった。そういうことに、意味があるとは思えなかったからだ。脳科学と薬物学によって人の心のほぼすべてを説明し、解釈しようとする最新の精神医学について、知らないわけではないが、あまり気にせず、ひたすら私が感じ、経験したことを、私の視点と私の態度に立脚して統合し、整理した。

今回、私にとっての「風」だった夫は、いつにも増して、私の背中を強く押した。彼は「適正心理学」の基礎を作った人といっても過言ではない。精神医学という既成の枠にとどまっていた私を、揺さぶり、鍛えた。心理療法に関しての問いに対し、私が精神医学的な答えを示すと、彼は常に「それが結論のすべて?」と問い返した。この二〇年余り、ずっとそうしてきた。彼の質問に答えるのは、私にとっていつも挑戦だった。そして、そのすべてのプロセスが、適正心理学に関する知見を高めた。

私は、サッカープレーヤーのジダンが好きだ。鉄壁の守備に囲まれて突破口がなかなか見出せない時でも、ジダンが動き出せば、瞬く間に空間（スペース）が開かれる。そして、そこから決定的なゴールが生まれる。その感動的な瞬間を、私は今も鮮明に憶えている。自ら開いた空間から展開されるジダンのサッカーは、息をのむほど美しかった。
共感も同じだ。身動きがとれないほどの苦しさの中でも、共感力を身につけた人なら、瞬く間に（ジダンのように）自由な空間を出現させる。どこにもないと思われていた空間が、突如として心の中に広がるのだ。そうして人は、死地を脱する。これが共感の持つ力だ。息をのむほど美しい共感の力を、私のこれまでの経験にもとづき、誠心誠意、書き記した。私の相棒、私の伴侶の言葉を借りれば、これが、今の私の、持てる力のすべてだ。

二〇一八年九月
チョン・ヘシン

訳者あとがき

本書の著者であるチョン・ヘシン氏は、韓国で最も広く知られ、信頼されている精神科医のひとりです。二〇一八年末、フェイスブックの友人であり、著者に本書執筆のインスピレーションを与えたイ・ミョンスさんを通して『あなたは正しい』を知った私は、「共感の治癒力」を強調する本書が日本社会でも大きな意味を持つだろうと思い、本書を日本に紹介したいというメールを著者に送りました。韓国だけでなく日本においても、専門家に依存せず心を治癒する必要性が高まっていると感じていたからです。

本書の最も大きな魅力は、「共感の治癒力」を感覚的に理解できる豊富な事例が紹介されていることです。韓国の読者と同様、日本の読者も、「チョン・ヘシンの共感」という観点から自分の現在と過去を考え直す体験をされることを願っております。本書のさまざまな事例は、忠助評判（忠告・助言・評価・判断）が共感の致命的な障害物である理由や、共感が耐え忍んで相手の話を聞いてあげる「感情労働」とはちがう理由などを、論理的にだけでなく、心で理解する機会を与えてくれることでしょう。

そして、本書のもうひとつの魅力は、「共感の力」を多くの事例を通して例証していることです。私自身も、感情と気持ちは抑制すべきものではなく、「本当の自分」に近づく上で最も尊重すべきものであるという著者の考え方に触れて、心に関する自分の従来の認識を変えることができました。

本書を読んでいた当時の私は、経済的・社会的基盤の危機に直面し、心理的につらい状況下で過ごしていました。この本は、そのような私の心理的状態を「チョン・ヘシンの共感」という観点から捉え直す機会を提供してくれました。たとえば、不安、無気力など自分の軟弱な心を露わにすることが決して恥ずかしいことではないのだと捉えるようになったことは、私の心にある自然治癒力を蘇らせる上で大いに役立ったと思います。また、共感的な関係における「境界」の重要性を知ってからは、私が自身の支援者に共感してもらう時なのか、それとも私が支援者に共感すべき時なのかを見極められるようになり、それは私の心の中にある「健康な自我」を刺激し、生気を取り戻してくれました。私にとって本書は、まさに「おうちごはんのような心理治癒」の行動指針書だったわけです。

人間関係の葛藤に悩んでいる人、自らの力で心の傷を治癒したい人、心の傷を抱えている人に手を差し伸べたいと思う人にとって、本書が行動指針書として力になればと心より願っています。

みなさん！　みなさんは、本当に正しいのです。(You are always really right.)

あなたは正しい
自分を助け大切な人の心を癒す「共感」の力

2021年5月25日　第1刷発行

著者　チョン・ヘシン
協力　イ・ミョンス
訳者　羅 一慶
発行者　大山邦興
発行所　株式会社飛鳥新社
〒101-0003
東京都千代田区一ツ橋2-4-3　光文恒産ビル
電話　03-3263-7770(営業)　03-3263-7773(編集)
http://www.asukashinsha.co.jp

ブックデザイン　杉山健太郎
編集協力　オフィスモザイク(神田賢人、伊藤明子)
印刷・製本　中央精版印刷株式会社
編集担当　池上直哉

ISBN978-4-86410-826-3

당신이 옳다
You're Right
by JUNG HYESHIN